Presentado a:

____

De:

____

Fecha:

____

180
oraciones
para una
mujer de
Dios

BARBOUR
ESPAÑOL
Un Sello de Barbour Publishing

ISBN 978-1-63609-530-1

Título en inglés: *180 Prayers for a Woman of God* © 2015 por Barbour Publishing, Inc.

Desarrollo editorial: Semantics, Inc. Semantics01@comcast.net

Publicado por Barbour Español, un sello de Barbour Publishing, Inc., 1810 Barbour Drive, Uhrichsville, Ohio 44683.

Nuestra misión es inspirar al mundo con el mensaje transformador de la Biblia.

Impreso en China.

¡Eres una mujer de Dios radiante!

Me mostrarás el camino de la vida.
Hay gran alegría en tu presencia;
hay dicha eterna junto a ti.
SALMOS 16.11 DHH

El Dios todopoderoso al que servimos está interesado en ti. De hecho, él desea oír tus oraciones. Eres bienvenida —en cualquier momento— a traer cualquier petición ante el Rey del universo. ¡Eso es amor verdadero!

Las oraciones en este libro te ayudarán a desarrollar una relación más íntima con el Padre celestial. Mientras lees las oraciones, hazlas tuyas. Medita en la Escritura. Incluso puedes tener un diario a mano para registrar tus pensamientos personales a medida que reflexionas sobre el increíble amor de Dios por ti.

¡Bendita seas, radiante mujer de Dios!

El que es

Padre celestial, hoy estoy agradecida por todo lo que eres: Dios que es, Dios de vida, el gran Yo Soy. Tu carácter no cambia. Eres el ejemplo supremo de la perfecta santidad y amor. Por ser quien eres y todo lo que eres, creo y confío en ti. Tu verdad es incuestionable y tu poder está demostrado. No solo por las majestuosas obras de tu mano, sino por la pura gloria de tu naturaleza. Te adoro hoy. Amén.

¿Quién como Jehová nuestro Dios,
Que se sienta en las alturas...?
Salmos 113.5 RVR1960

Gracia para todo

Padre estoy agradecida por tu gracia. Por tu ayuda inmerecida a través de Jesucristo, y esa fuerza especial que das a tu hija en tiempos de necesidad, de prueba y tentación. Si no fuera por tu gracia, no sería capaz de acercarme a ti. Gracias por extender tu ayuda sobre mí: perdonando mis pecados y adoptándome en tu familia. Y muchas gracias por esa dosis extra de perseverancia que sigues dándome en situaciones difíciles. Estoy muy agradecida porque tu centro de recursos nunca tendrá escasez. Hoy te alabo por tu gracia. Amén.

... pero da gracia a los humildes.
SANTIAGO 4.6 NVI

Asombroso perdón

Señor, entro en tu presencia, agradecida por tu perdón. En una cultura donde muchos experimentan depresión clínica debido a la culpa, puedo saber que mi pasado ha sido redimido gracias al sacrificio de Cristo por mí. Tu perdón me llena de asombro. Aunque no me lo merezca, tú lo derramas libre y amorosamente. Puesto que has considerado conveniente perdonarme, bendigo tu nombre hoy.

En quien tenemos redención
por su sangre, el perdón de pecados
según las riquezas de su gracia.
Efesios 1.7 RVR1960

La Palabra inspiradora

¡Señor, algunas mañanas me despierto lista para salir! Me siento descansada y con energía. Otras mañanas, me pregunto cómo voy a sobrellevar el día. Recuérdame que, como tu hija, tengo una fuente de poder siempre disponible para mí. No siempre me voy a sentir alegre, pero el gozo del Señor es mi fortaleza. Mientras paso tiempo en tu Palabra, renueva mi fuerza. Lo pido en el nombre de Jesús, amén.

Porque el gozo de Jehová es vuestra fortaleza.
NEHEMÍAS 8.10

Verdadero gozo

Gracias Padre, por tu Palabra, la cual me enseña cómo experimentar el verdadero gozo. Este mundo me envía muchos mensajes a través de los medios y de los que no te conocen. He intentado algunas cosas que se supone deberían darme gozo, pero siempre me dejan vacía al final de todo. Gracias por la verdad. Ayúdame a permanecer en ti, para poder estar rebosante de gozo. Amén.

Estas cosas os he hablado,
para que mi gozo esté en vosotros,
y vuestro gozo sea cumplido.
JUAN 15.11

No más lamentos

Jesús, tus discípulos estaban abatidos. Les dijiste que te ibas, pero que los volverías a ver. Esos hombres hablaron y caminaron contigo. Tú eras su líder, su amigo. ¡Qué perdidos debieron de haberse sentido en la crucifixión! Pero tres días después… ¡Wow! Señor, convertiste la consternación en regocijo. Ayúdame a confiar en esto. Gracias, Jesús. Amén.

También, pues, vosotros ahora ciertamente tenéis tristeza; mas otra vez os veré, y se gozará vuestro corazón, y nadie quitará de vosotros vuestro gozo.

JUAN 16.22

Gozo en la Palabra de Dios

Gracias, Dios, porque en tus Santas Escrituras encuentro cómo vivir la vida. Encuentro sabio consejo en las páginas de mi Biblia. Tú me revelas la verdad, Señor, y no hay mayor bendición que saber la verdad. Tú me dices en tu Palabra que la verdad me hará libre. Soy libre para vivir una vida que te dé gloria y honor. ¡Que otros vean el gozo que he encontrado en ti! Amén.

Hicísteme notorios los caminos de la vida;
Me henchirás de gozo con tu presencia.
Hechos 2.28

Glorificar a Dios en el trabajo

Dios mío, hoy que trabajo en mi casa y fuera de ella, mi actitud puede glorificarte. Yo no soy de este mundo, pero estoy en él, y a menudo tiene mucha influencia sobre mí. Quiero pensarlo dos veces antes de quejarme, Padre, sobre las tareas que me han sido encomendadas el día de hoy. Elegiré trabajar como para mi Padre, y que mi cara pueda reflejar tu amor a los que me rodean. Amén.

Y todo lo que hagáis, hacedlo de ánimo,
como al Señor, y no á los hombres;
Sabiendo que del Señor recibiréis
la compensación de la herencia:
porque al Señor Cristo servís.

COLOSENSES 3.23–24

Poner a Dios primero

Padre, dar un vistazo a mi declaración bancaria me estremece. ¿A dónde se va mi dinero? ¿Estoy demasiado preocupada con lo que el mundo dice que debo tener para ser popular, para encajar y para aparentar éxito? Tu Palabra dice que no debo servir a la riqueza material y a ti. Te elijo a ti, Señor. Sé el Señor de mi vida y de mi talonario de cheques. Necesito tu ayuda con esto. Amén.

Ninguno puede servir á dos señores;
porque ó aborrecerá al uno y amará al otro,
ó se llegará al uno y menospreciará al otro:
no podéis servir á Dios y á Mammón.
MATEO 6.24

¿Qué haría Jesús?

Padre celestial, a veces soy una cristiana de domingo. ¡Cuánto deseo alabarte con el resto de la semana! Por favor, ayúdame a estar atenta a ti a lo largo de la semana. Que tu voluntad y tus caminos impregnen mis pensamientos y decisiones. Ya sea que esté haciendo cosas en casa o trabajando con otros en mi empleo, quiero glorificarte en todo lo que hago y digo. Amén.

Si pues coméis, ó bebéis, ó hacéis otra cosa, hacedlo todo á gloria de Dios.

1 Corintios 10.31

Un corazón generoso

Padre, ¿puedo ser honesta? A veces, no tengo ganas de servir. Siguen preguntándome si ayudaré con esto o con lo otro en la iglesia. Y siempre hay una tarea para mí. ¿No puedo centrarme solamente en mí? ¡Tengo mis propias necesidades! Pero, oh, qué paz siento cuando apoyo la cabeza en mi almohada por la noche sabiendo que he amado con acción, con sacrificio. Hazme una dadora, te lo ruego. Amén.

... tener presente las palabras del Señor Jesús, el cual dijo: Más bienaventurada cosa es dar que recibir.
HECHOS 20.35

Gozosa en la esperanza

Dios, cuanto más vivo, más me doy cuenta de que el gozo y la esperanza van de la mano. Tengo gozo porque mi esperanza está puesta en ti. Gracias, Señor, que, como tu hija, no hago frente al día en desesperanza. No importa lo que pase, puedo encontrar gozo porque mi esperanza no está en este mundo ni en mis circunstancias. Mi esperanza está en el Señor. Amén.

Bienaventurado aquel cuya
ayuda es el Dios de Jacob,
Cuya esperanza es en Jehová su Dios.
SALMOS 146.5

Sírvanse unos a otros

Dios, no me has puesto en esta tierra para servirme a mí misma. No todo tiene que ver conmigo. ¡A veces se me olvida eso! De servicio es de lo que trata la vida, ¿no? Padre, dame oportunidades hoy para mostrar el amor a otros. Haz que cada momento sea un «momento de Dios». Ayúdame a ser consciente de las necesidades a mi alrededor. Crea en mí un corazón que ame a los demás y los ponga por delante de mí. Amén.

Servíos por amor los unos á los otros. Porque toda la ley en aquesta sola palabra se cumple: Amarás á tu prójimo como á ti mismo.

GÁLATAS 5.13–14

Úsame, Señor

Mi Salvador, tú diste tu vida por mí. Sufriste una horrible muerte en la cruz. Fue una muerte por crucifixión, que estaba reservada para los peores criminales. Y no hiciste nada malo. ¡Viniste a este mundo para salvarnos! Diste tu propia vida por nosotros. Jesús, toma mi vida. Úsame para la obra de tu reino. Solo perdiendo mi vida por tu causa la salvaré. Amén.

Porque el que quisiere salvar su vida, la perderá;
y el que perdiere su vida por causa de mí
y del evangelio, la salvará.
MARCOS 8.35

Provisiones de Dios

Dios, no hay criatura en la tierra a la que hayas descuidado ni desprovisto. Te alabo ahora por las cosas diarias que suples por mí. Es a través de tu bondad que tengo alimento que comer, ropa con la que vestirme, agua para beber. Ayúdame a estar siempre agradecida por lo que tengo y no imitar a los israelitas en el desierto que, centrándose en lo que les faltaba, prefirieron quejarse. Tu poder es asombroso; gracias por suplir con generosidad cada una de mis necesidades, cada día. Amén.

Abres tu mano, Y colmas
de bendición a todo ser viviente.
SALMOS 145.16 RVR1960

Honrar a mis padres

Padre celestial, enséñame a honrar a mis padres. Incluso ahora que soy toda una mujer, tu mandamiento sigue vigente. Dame paciencia con mis padres. Recuérdame que con la edad viene la sabiduría. Ayúdame a buscar su consejo cuando sea apropiado. Dios, en tu soberanía, tú me diste el padre y la madre que hiciste. Quiero honrarte a ti al honrarlos a ellos. Amén.

Honra á tu padre y á tu madre,
como Jehová tu Dios te ha mandado.
Deuteronomio 5.16

Evitar la pereza

Señor, sé que quieres que cuide de mi hogar. A veces, estoy tentada a retrasar mis tareas de la casa y acabo pasando demasiado tiempo con la computadora o el teléfono. Ayúdame a ser equilibrada. Ayúdame a cuidar de mi hogar y ser consciente de la trampa de la ociosidad. Sé que postergar las tareas no es un buen hábito. Amén.

Considera los caminos de su casa,
Y no come el pan de balde.
Proverbios 31.27

Toda buena dádiva

Padre, gracias por las bendiciones que has derramado en mi familia. A menudo pienso demasiado en lo que no tenemos. Por favor, recuérdame que debo estar agradecida por tantos regalos. Las comodidades de las que disfrutamos cada día, como el agua corriente o la electricidad son muy fáciles de dar por sentadas. Gracias por tu provisión en nuestras vidas. Ayúdame a tener un corazón agradecido y que así mi familia pueda estar más agradecida también. Amén.

Y te alegrarás con todo el bien que Jehová tu Dios te hubiere dado á ti y á tu casa, tú y el Levita, y el extranjero que está en medio de ti.
DEUTERONOMIO 26.11

Mi familia de la iglesia

Mi iglesia es muy especial para mí en muchos sentidos, Señor. Estoy muy agradecida porque me colocaste en un grupo tan maravilloso de creyentes que me animan y oran por mí. Permíteme ser una bendición para ellos, también, y ayúdame a no olvidar lo importantes que son en mi vida.

Porque los que en nosotros son más honestos, no tienen necesidad: mas Dios ordenó el cuerpo, dando más abundante honor al que le faltaba; Para que no haya desavenencia en el cuerpo, sino que los miembros todos se interesen los unos por los otros. Por manera que si un miembro padece, todos los miembros á una se duelen; y si un miembro es honrado, todos los miembros á una se gozan. Pues vosotros sois el cuerpo de Cristo, y miembros en parte.

1 Corintios 12.24–27

Mi pastor

Gracias por mi pastor, amado Dios. Él te ama; y ama a quienes ministra. Saber que su deseo es presentar las verdades de la Biblia es reconfortante en un mundo que está lleno de falsas enseñanzas. Bendice a mi pastor en su predicación continua de tu Palabra.

Y él mismo dió unos, ciertamente apóstoles;
y otros, profetas; y otros, evangelistas;
y otros, pastores y doctores;
Para perfección de los santos, para la obra
del ministerio, para edificación
del cuerpo de Cristo.
EFESIOS 4.11–12

El valor de la comunión

Padre celestial, te ruego que no permitas que me aísle. Necesito comunión con otros creyentes. Me beneficia pasar tiempo con amigos cristianos. Tú nos dices en tu Palabra que no es bueno estar solos. Necesitamos a otros mientras caminamos por la vida con todos sus altibajos. Cuando me siento tentada a distanciarme de la gente, guíame de vuelta a la comunión cristiana. Amén.

Mejores son dos que uno; porque tienen mejor paga de su trabajo. Porque si cayeren, el uno levantará á su compañero.

ECLESIASTÉS 4.9–10

Hierro con hierro se aguza

Señor, me resulta duro hablar con amigos sobre las áreas de sus vidas en las que no te honran. ¡Y, sinceramente, no siempre aprecio sus correcciones en mi vida! Padre, permite una dulce y divina comunión entre mis hermanas cristianas y yo, que, cuando la verdad deba ser dicha en amor, seamos capaces de hablar las unas a la vida de las otras. Nos necesitamos la una a la otra. Hierro con hierro se aguza. Amén.

Hierro con hierro se aguza;
Y el hombre aguza el rostro de su amigo.
PROVERBIOS 27.17

El escudo de la fe

Dios, guarda mi mente y mi corazón con el escudo de la fe. Clamaré en el nombre de Jesús cuando Satanás me tiente. Lucharé contra los esquemas con los que quiere arruinarme. Mi arma es el conocimiento de tu Palabra, promesas memorizadas y queridas. Mi defensa es mi fe en Jesucristo, mi Salvador. En esta fe me mantendré firme. Aumenta mi fe y protégeme del maligno, te lo ruego. Amén.

Sobre todo, tomando el escudo de la fe,
con que podáis apagar todos los
dardos de fuego del maligno.
EFESIOS 6.16

Una buena obra

Señor, leí sobre la mujer que vertió un frasco de un valioso perfume sobre tus pies. Los discípulos no lo entendían, pero tú lo viste como una buena obra. Dame un corazón como el de esa mujer. Todo lo que posea, todo lo que venga a mi camino, ayúdame a derramarlo todo para tu gloria. Permíteme usarlo con sabiduría, pero con esplendidez para honrar a mi Rey. Te amo, Señor. Haz de mi vida una buena obra para ti. Amén.

Lo cual viendo sus discípulos, se enojaron, diciendo: ¿Por qué se pierde esto? Porque esto se podía vender por gran precio, y darse á los pobres. Y entendiéndolo Jesús, les dijo: ¿Por qué dais pena á esta mujer? Pues ha hecho conmigo buena obra.

Mateo 26.8–10

Gozo pese a las circunstancias

Señor, hay días en los que no puedo evitar regocijarme en lo que estás haciendo. Pero muchas veces la rutina diaria es más bien monótona. ¡No hay nada en lo que regocijarse, y mucho menos dar gracias! ¿O sí lo hay? Ayúdame, Padre, a estar gozosa y agradecida cada día. Cada día es un regalo tuyo. Recuérdame esa verdad hoy, y dame un corazón gozoso y agradecido, te ruego. Amén.

Estad siempre gozosos. Orad sin cesar. Dad gracias en todo; porque esta es la voluntad de Dios para con vosotros en Cristo Jesús.

1 Tesalonicenses 5.16–18

Un espíritu afable y apacible

Dios, en tu economía, un espíritu manso y tranquilo vale más que oro. No se corrompe. Es eterno. Dame ese espíritu. Hazme una mejor oidora, te ruego. Pon guardia a mi lengua en las ocasiones en que no debería hablar. Enséñame a caminar humildemente contigo, Padre, y a servir a las personas en tu nombre. Un espíritu piadoso y de gracia es lo que deseas ver en mí. Amén.

El adorno de las cuales no sea exterior con encrespamiento del cabello, y atavío de oro, ni en compostura de ropas; Sino el hombre del corazón que está encubierto, en incorruptible ornato de espíritu agradable y pacífico, lo cual es de grande estima delante de Dios.

1 PEDRO 3.3–4

Ser testigo en mi comunidad

Señor, hay muchos en mi comunidad que no te tienen en cuenta o que piensan que te van a complacer por sus propios méritos; pero varios de ellos no te conocen de verdad. Te pido que abras puertas para que pueda darles testimonio. Mi oración es que muchos vengan a ti.

Mas el que tuviere bienes de este mundo,
y viere á su hermano tener necesidad,
y le cerrare sus entrañas, ¿cómo está
el amor de Dios en él?
1 Juan 3.17

El don de la salvación

Padre amado, gracias por el don de la salvación, por enviar a tu único Hijo a ser sacrificio por todos, incluso los que no lo querían. Estoy impresionada por la misericordia que extiendes sobre mí. Es increíble pensar que soy una hija de Dios. Gracias, Jesús: no rehusaste la cruz, sino que diste tu vida por mí. Gracias, Espíritu Santo, por atraerme al mayor de los dones. Mi vida ha cambiado para siempre. En el nombre de Cristo, amén.

En verdad, Dios ha manifestado a toda la humanidad su gracia, la cual trae salvación.
Tito 2.11 NVI

Un Padre

Dios, ayúdame a recordar que eres mi Padre. Un Padre celestial, uno que posee recursos y poder ilimitados y que tiene infinitamente más amor que cualquier padre terrenal. Cuando Satanás me tiente a mirarte con desconfianza, ayúdame a recordar que él busca mi completa destrucción. Señor, llena mi corazón con la verdad de que me amas a la perfección y solo tienes en mente lo mejor para mí. De hecho, quieres abrazarme, bendecirme y darme el cielo como herencia. ¡Qué padre más maravilloso eres! Amén.

Tan compasivo es el Señor con los que le temen como lo es un padre con sus hijos.

Salmos 103.13 NVI

Llena de contentamiento

A veces mi actitud es tan autocompasiva que incluso llego a enfermar, Padre. Sigo pensando que, si tuviera esto o lo otro, la vida sería más fácil. Sé que me estoy perdiendo una vida abundante lloriqueando tanto, y te pido que me perdones. Lléname de contentamiento. Amén.

No lo digo en razón de indigencia,
pues he aprendido á contentarme
con lo que tengo.
Filipenses 4.11

Un lugar perfecto

Dios, Creador mío, desearía que no hubiese enfermedades en nuestro mundo. Esos diminutos microbios que se infiltran en el sistema inmune causan mucho dolor y aflicción. Aunque la enfermedad no estaba presente en el Edén —ese lugar perfecto que tenías para nosotros— ahora es parte de la vida, una consecuencia de la maldición bajo la que nuestro mundo sufre. Pero un día crearás una nueva tierra, y sé que las bacterias no tendrán ninguna oportunidad allí. Miro expectante a ese día, Padre, porque entonces el mundo será otra vez «bueno en gran manera». Amén.

Vi un cielo nuevo y una tierra nueva; porque el primer cielo y la primera tierra pasaron, y el mar ya no existía más.

Apocalipsis 21.1 RVR1960

Relojes internos

Padre celestial, parece que cada persona tiene un ritmo al parecer permanentemente ajustado a una determinada parte del día. Hay pájaros mañaneros, búhos nocturnos y gente del medio día. No muchos de nosotros conseguimos cambiar nuestro reloj interno, Señor. Quizás quisiste crear a los seres humanos con distintas horas cumbre de energía. Sería un mundo muy aburrido si todos nos apagáramos al mismo tiempo cada día. Gracias por la variedad que has puesto en todos nosotros. Amén.

Anunciar por la mañana tu misericordia,
Y tu fidelidad cada noche.
SALMOS 92.2 RVR1960

No te rindas

Señor, no quiero ser una cobarde; pero he tratado con todas mis fuerzas de ser como tú, y lo sigo estropeando. Sé que dices que contigo todas las cosas son posibles, y necesito que me recuerdes eso cada día. No dejes que me rinda. Ayúdame a recordar que no has acabado conmigo todavía. Amén.

Por tanto, amados míos, como siempre habéis obedecido, no como en mi presencia solamente, sino mucho más ahora en mi ausencia, ocupaos en vuestra salvación con temor y temblor; Porque Dios es el que en vosotros obra así el querer como el hacer, por su buena voluntad.

Filipenses 2.12–13

En forma

Vivimos en un mundo enloquecido con el ejercicio, Señor. Se premia ser miembro del gimnasio, se elogia al que corre cada mañana, y la ropa de entrenamiento se ha convertido en una declaración de moda. Hay quienes dan demasiada importancia al cuidado de sí mismos; le dedican un tiempo excesivo. Otros, sin embargo, no lo mantienen lo suficientemente alto en sus prioridades. Ayúdame, Dios, a mantener la perspectiva apropiada de mi estado físico, porque, después de todo, tengo una responsabilidad con el mantenimiento de este cuerpo. Es un préstamo tuyo. Amén.

Pues aunque el ejercicio físico sirve para algo, la piedad es útil para todo, porque tiene promesas de vida para el presente y para el futuro.
1 Timoteo 4.8 dhh

Rebanadas de vida

Amado Señor, el paso de los minutos a horas es tan gradual que resulta aburrido de observar. Es más fácil centrarse en las porciones grandes que en las minúsculas e innumerables. Pero las horas están hechas de minutos, como el cuerpo se compone de células. Cada cosa es vital para todo el conjunto. Señor, ayúdame a recordar que cada minuto del día es una pequeña sección, un pedazo de mi vida. Ayúdame a aprovechar al máximo cada minuto. Amén.

Aprovechen bien este momento decisivo,
porque los días son malos.
Efesios 5.16 dhh

Fuerza para estar firme

Señor, teniendo una familia tan amplia, hay algunos miembros cuya visión de la vida es significativamente diferente a la mía. Esto a veces me resulta molesto, sobre todo cuando intentan obligarme a aceptar sus opiniones. Dame fuerzas para defender lo que sé que es verdad, y ayúdame a amar a mi familia a pesar de nuestras diferencias. Amén.

En el día que clamé, me respondiste;
Esforzásteme con fortaleza en mi alma.
SALMOS 138.3

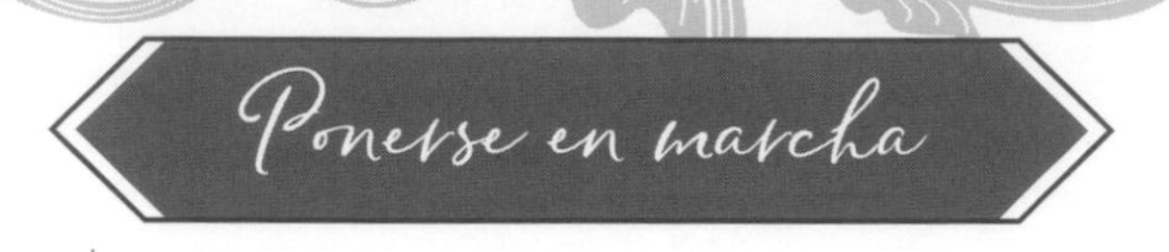

Ponerse en marcha

Amado Señor, el primer paso hacia cualquier meta es el más difícil, y no me siento motivada a darlo. Pero hay cosas que necesito hacer, y hasta ahora no he encontrado ningún hada madrina que lo haga por mí. La procrastinación es un obstáculo terrible. Lo sé. Soy una procrastinadora secreta. No me gusta admitirlo, pero tú lo ves de todos modos. Gracias por perdonarme más veces de las que merezco. Recuérdame que solo necesito empezar. La inspiración surge a menudo del suelo regado con obediencia. Quiero aprender bien esta lección. Amén.

Para el perezoso, el camino está lleno de espinas.

PROVERBIOS 15.19 NVI

Personas difíciles

Amado Señor, te pido que hoy me ayudes a ser paciente y agradable. La Biblia habla sobre soportar. Eso es lo que necesito mientras trato con gente difícil y en situaciones irritantes. Ya se trate de riñas de niños, conductores groseros o empleados amargados, sé que hoy habrá alguien que me moleste. En esos momentos en los que quiero gritar, ayúdame a recordar que debo contenerme y perdonar. Es muy fácil reaccionar, pero ayúdame a elegir deliberadamente mi respuesta. Dependo de tu poder, Padre. Amén.

Sopórtense unos a otros, y perdónense si alguno tiene una queja contra otro.
Colosenses 3.13 NVI

Sabio temor

«El principio de la sabiduría es el temor de Jehová» (Salmos 111.10). A veces este pasaje de tu Palabra se ve un poco contradictorio, Señor. Pero hay un temor sano, y luego hay un miedo paralizante. Sé que este pasaje quiere decir que mi respeto por ti es tan profundo que aborrezco el pecado. Por favor, ayúdame a tener ese sabio temor. Amén.

El temor de Jehová es el principio de la sabiduría; Y la ciencia de los santos es inteligencia.

PROVERBIOS 9.10

Recursos ilimitados

Padre, la Biblia dice que tuyos «son los animales del bosque». Posees recursos ilimitados. Así que te pido que suplas la necesidad especial que tengo hoy. A pesar de que intento ser una buena administradora del dinero que me das, una situación inesperada me ha sorprendido sin los fondos necesarios. Yo sé que puedes remediar esta situación, si lo consideras bueno para mí. Porque eres mi Padre, te pido consejo financiero. Necesito de tu sabiduría en esta área de mi vida. Amén.

Pues míos son los animales del bosque,
y mío también el ganado de los cerros.
Salmos 50.10 NVI

¡Lo perdí!

Señor, ¡he perdido mi celular otra vez! ¡Por favor, ayúdame a encontrarlo! Sé que a veces soy descuidada; ayúdame a aprender de esto. Pero, Señor, tú sabes cuánta información hay en ese teléfono y cuánto lo necesito para llevar a cabo mis responsabilidades hoy. Tú sabes dónde está ahora mismo. Ayúdame a pensar en ese lugar. Guíame a él. Y, como la mujer de la moneda perdida, ¡me regocijaré! Amén.

Gozaos conmigo, porque he encontrado la dracma que había perdido.
Lucas 15.9 RVR1960

Una perspectiva apropiada

Señor, muy a menudo veo relaciones desmoronándose y muchas veces es un problema con el dinero lo que desata el proceso. Muchas personas son descuidadas o deshonestas con sus gastos; otras solo quieren demasiado. Y como resultado hay mucha amargura y odio. Por favor, ayúdame a tener una perspectiva adecuada cuando hay dinero involucrado.

El que ama el dinero, no se hartará de dinero; y el que ama el mucho tener, no sacará fruto. También esto es vanidad.

Eclesiastés 5.10

Dios es escudo

Dios y protector mío, hoy me acuerdo de alguien en las fuerzas armadas. Aunque sé que la guerra no estaba en tu plan original para este mundo, se ha convertido en una herramienta necesaria para vencer al mal. La Biblia cuenta historias en las que guías a tu pueblo, los israelitas, a la batalla para defender lo correcto. Así que hay honor en defender la libertad y la justicia. Te pido que protejas a este del peligro; envía tu paz, y pon una protección delante, detrás y alrededor suyo. Guarda a todos aquellos que están poniendo sus vidas en peligro por mi bien. En el nombre de Cristo, amén.

Escudo es Dios a los que en él se refugian. . .
adiestra mis manos para la batalla, y mis
brazos para tensar arcos de bronce. Tú me
cubres con el escudo de tu salvación.

Salmos 18.30, 34–35 NVI

Una luz que brilla

Amado Dios, quiero ser una mejor testigo de ti. Tengo amigos y familiares que no te conocen, y cada día me relaciono con personas que no son creyentes. Señor, no quiero ser cursi ni molesta, pero sí quiero que mi luz brille ante los demás. Te pido que abras las puertas para mí hoy. Quiero ser sensible a tus indicaciones. Y que el testimonio silencioso de mi vida hable a otros sobre tu gran plan de salvación. En el nombre de Jesús, amén.

Así alumbre vuestra luz delante de los hombres, para que vean vuestras buenas obras, y glorifiquen a vuestro Padre que está en los cielos.

Mateo 5.16 RVR1960

Extras

Amado Dios, estoy muy agradecida por todo lo que has provisto para mí. A veces, esa bendición va incluso por encima de mis necesidades. Yo ahora pido sabiduría para manejar estos regalos. Mi deseo es glorificarte y estar segura de que no me controla el dinero. Por favor, ayúdame a usarlo de manera que te honre. Amén.

Mi Dios, pues, suplirá todo lo que os falta conforme á sus riquezas en gloria en Cristo Jesús.
FILIPENSES 4.19

Protégeme

Padre, en las prisas de la vida, muchas veces me olvido de ser agradecida por las cosas importantes. Muchas veces has protegido a mi familia de daño físico, y no lo supe hasta más adelante. Y estoy segura de que no tengo ni idea de cuántas veces nos has guardado del daño espiritual. Aunque somos la niña de tus ojos, me doy cuenta de que no somos inmunes al trauma y al desastre. No vas a quitar los efectos de la maldición hasta que llegue el momento. Pero, por ahora, estoy agradecida de que cuidas de nosotros y el único modo de que algo nos pueda tocar es después de haber pasado tu dulce inspección. Amén.

Guárdame como lo negro de la niñeta del ojo,
Escóndeme con la sombra de tus alas.
Salmos 17.8

Inversión de roles

Amado Señor, cuando estaba creciendo, mis padres parecían siempre jóvenes. Pero me doy cuenta ahora de que mi tiempo con ellos es cada vez menor. Se están haciendo viejos, Señor; y, cada vez más, me encuentro pendiente de ellos. Esta inversión de roles es realmente difícil para mí. Estoy acostumbrada a que ellos cuiden de mí, y parte de mí querría que eso siguiera así por mucho tiempo más. Por favor, dame fuerzas para afrontar esta nueva fase de nuestra relación, y ayúdame a honrarlos mientras vivan y aun después. Amén.

Y hasta la vejez yo mismo, y hasta las canas os soportaré yo; yo hice, yo llevaré, yo soportaré y guardaré.
Isaías 46.4 RVR1960

Consecuencias naturales

Amado Señor, sé que me has perdonado por todo ese horrible error. Pensé que, cuando me arrepintiera, eso lo arreglaría todo, pero estoy aprendiendo que las consecuencias naturales todavía hacen daño. Sé que no desaparecerán, pero oro para que tú las uses de una manera positiva, quizás para que otros no cometan el mismo error. Amén.

Bienaventurado aquel
cuyas iniquidades son perdonadas,
y borrados sus pecados.
SALMOS 32.1

Vallas espirituales

Amado Dios, ayúdame a establecer los límites apropiados en mi vida. No quiero caer presa de un pecado por no haber tenido cuidado. Al igual que las vallas protectoras de una carretera de montaña peligrosa, los límites en mi vida me mantienen más cerca del centro y más lejos de los acantilados. Sé que Satanás está tramando mi destrucción, pero tu poder es mayor. Déjame cooperar con tu gracia mediante un estilo de vida cuidadoso y un espíritu con discernimiento. En el nombre de Cristo, amén.

Cuídense de su gran enemigo, el diablo, porque anda al acecho como un león rugiente, buscando a quién devorar.

1 Pedro 5.8 NTV

Alegría

Jesús, no puedo imaginarte como alguien agrio y siempre serio. Creo que disfrutaste la vida inmensamente, y sé que trajiste alegría a los que te rodeaban. ¿Por qué si no iban a querer comer contigo los «publicanos y pecadores» (como lo señalaron tus enemigos)? Tu misión en este mundo era seria y sagrada; pero creo que tu comportamiento en tu vida cotidiana era agradable y optimista. Otros amaban estar en tu presencia. Ayúdame a moldear mi actitud cotidiana siguiendo tu ejemplo y a tomar en cuenta tu mandamiento de «tener ánimo». Quiero reflejarte por la manera en la que me acerco a la vida. Amén.

Ten ánimo, hija.
MATEO 9.22 RVR1960

Bienaventuradas las flexibles

La flexibilidad es una lucha para mí, Dios. No me gustan las interrupciones en mi rutina. Es un reto para mí aceptar un desvío en mi día. No obstante, a veces, tú tienes que reorganizarlo por mí, porque no he reconocido tus indicaciones. O quizás hay alguien a quien quieres que conozca o algún desastre que quieres que evite. Ayúdame a aceptar los desvíos que tienes en mis planes hoy, consciente de tu soberanía sobre todo. Amén.

Este es el día que hizo Jehová;
Nos gozaremos y alegraremos en él.
Salmos 118.24 RVR1960

Señor, sostén a mi amiga

Mi amiga está sufriendo, amado Jesús. Ella ha tenido muchas luchas en su vida, y se siente como si fuese a tocar fondo. He tratado de estar ahí para ella, pero ahora mismo ella te necesita a ti de una manera especial. Por favor, hazle saber que tú quieres sostenerla durante esta prueba. Ayúdala a confiar en ti. Amén.

En todo tiempo ama el amigo.
Proverbios 17.17

Hazlo

Querido Señor, quiero tener un corazón obediente. A veces, cuando me hablas, siento indecisión o quiero posponer lo que me dices que haga. Eso quiere decir que no confío en ti o que quiero tomar mi propio camino, ninguna de esas opciones es buena. Una niña debe obedecer a sus padres porque reconoce el derecho a que la dirijan y porque confía en el amor que hay tras las palabras. Ayúdame, Señor, a abrazar ese tipo de actitud cuando me hablas. En el nombre de Cristo, amén.

Pero sed hacedores de la palabra,
y no tan solamente oidores,
engañándoos a vosotros mismos.
Santiago 1.22 RVR1960

La vida sencilla

Amado Dios, simplicidad es una palabra de moda hoy. Parece que todo el mundo quiere lo «simple» de alguna manera. Quizás es porque la vida se nos ha vuelto muy compleja; anhelamos una forma de vida más tranquila. Señor, necesito simplificar mis metas en las relaciones y en mi trabajo. Eso me ayudará a tener un enfoque más definido. Y, espiritualmente, un poco de simplicidad me vendría mejor también. En vez de intentar conquistar largos párrafos, ayúdame a concentrarme en unos versículos, para así crecer constantemente en entendimiento. Señor, ayúdame a mantener metas simples y una fe sencilla viviendo en sencillez para ti. Amén.

Y que procuréis tener tranquilidad, y ocuparos en vuestros negocios, y trabajar con vuestras manos.

1 Tesalonicenses 4.11 RVR1960

Metas alcanzadas

A veces me desanimo un poco, Jesús. Siento como que he alcanzado todas las metas que me puse y que ya no hay nada que me logre causar entusiasmo. Por favor, dame una nueva perspectiva. Dame sabiduría mientras pongo nuevas metas, y ayúdame a darte la gloria cuando tenga éxito. Amén.

Porque mejor es la sabiduría
que las piedras preciosas;
Y todas las cosas que se pueden desear,
no son de comparar con ella.
PROVERBIOS 8.11

Mansedumbre

Padre celestial, quiero desarrollar la característica de la mansedumbre, una especie de fuerza silenciosa. Más que marca de ser pusilánime, la mansedumbre es un rasgo de fuerza. Es complicado estar en silencio cuando quieres hablar. La mansedumbre no es una meta para el débil de corazón. Es, más bien, para aquellos que estarían en el frente del crecimiento espiritual. Como Moisés, el hombre más manso de la tierra (leer Números 12.3), podemos cosechar las recompensas de una fuerza silenciosa en nuestras vidas. Amén.

Con toda humildad y mansedumbre,
con paciencia soportando los unos
á los otros en amor.
EFESIOS 4.2

Legado

Amado Dios, ¿qué tipo de legado estoy dejando? Quiero ser recordada como algo más que una mujer que se vestía bien, tenía una gran familia e iba a la iglesia. Quiero ser recordada por cómo invertía mi vida en la de los demás. Después de todo, el amor es la única cosa duradera en esta tierra, algo que permanecerá cuando me vaya físicamente, pero viviendo contigo en la eternidad. Señor, que mi legado quede envuelto en servir a otros en amor. En el nombre de Jesús, amén.

La profecía, el hablar en idiomas desconocidos, y el conocimiento especial se volverán inútiles. ¡Pero el amor durará para siempre!

1 Corintios 13.8 NTV

Hospitalidad

Amado Señor, necesito mejorar mis habilidades de hospitalidad. Puesto que tú me has bendecido, necesito compartirlo con otros. De hecho, la hospitalidad es una de esas virtudes que el apóstol Pablo mandaba en la iglesia. Compartir mi hogar con otros es mi deber cristiano y además una buena manera de alcanzar a los no creyentes con los que he hecho amistad. Por favor ayúdame a no tener miedo de hospedar a otros, más bien, a encontrar maneras de hacerlo factible y agradable para todos. En el nombre de Jesús, amén.

Hospedaos los unos á los otros
sin murmuraciones.
1 Pedro 4.9

Consultar a Cristo

Señor, a menudo en mi planificación diaria me olvido de consultarte. Entonces me pregunto por qué las cosas no funcionan como pienso que deberían. Perdona mi actitud arrogante. Sé que solo cuando me guías a lo largo del día encuentro gozo en los logros. Muéstrame cómo hacer coincidir mis metas con tu voluntad. Amén.

Fíate de Jehová de todo tu corazón,
Y no estribes en tu prudencia.
PROVERBIOS 3.5

Deleites sensoriales

Amado Dios, gracias por los cinco sentidos: vista, oído, tacto, gusto y olfato. Podrías haber diseñado un mundo virtual, pero en cambio creaste uno en el que se podía experimentar. Hoy me quiero alegrar en el hecho de que estoy viva. Me quiero deleitar en las alegrías palpables que a menudo se dan por sentadas. Estoy agradecida por cada una. Amén.

Porque en él vivimos,
y nos movemos, y somos.
Hechos 17.28

El yo real

Padre celestial, mucha gente en el mundo lleva máscaras. Los habitantes del mundo tenemos miedo de ser reales con otros; tenemos miedo de perder el respeto y la estima de nuestros compañeros. Y, curiosamente, a menudo tememos ser reales contigo; y tú sabes todo sobre nosotros de todos modos. Quiero ser genuina en mi acercamiento e interacción con otros, incluyéndote a ti. Dame el coraje para rechazar la trampa de la «perfección» artificial en lugar de vivir mi vida y mis relaciones de una manera real. Amén.

Escogí el camino de la verdad.
SALMOS 119.30 RVR1960

Gestión del tiempo

Querido Dios, ¡a veces pienso que necesito más de veinticuatro horas en mi día! Parece que nunca tengo el tiempo suficiente. Añoro aquellas temporadas más sencillas en mi vida, cuando en realidad podría completar mi lista de tareas pendientes. Hay una gran satisfacción en tener unos pocos momentos sin estrés. Ahora, mi horario está lleno y estoy atormentada. Espíritu Santo, por favor, guía esta área de mi vida. Cómo uso mi tiempo es parte de la mayordomía, así que te pido por tu sabiduría. Enséñame cómo manejar las horas que tengo y así podré honrarte en todo lo que hago. En el nombre de Cristo, amén.

Enséñanos a contar bien nuestros días,
para que nuestro corazón adquiera sabiduría.
SALMOS 90.12 NVI

El poder de las palabras

Padre, a veces, mi lengua me mete en problemas. Por favor ayúdame a ser consciente de cuándo las cosas que digo no están bien. Déjame volver y disculparme por si hice daño a alguien. Mejor aún, hazme considerar mis palabras antes de que las suelte al viento. Una vez dichas, no se pueden traer de vuelta. Tu palabra escrita es viva, brillante y poderosa; Jesús es la encarnación de ella, la Palabra viva. Mis palabras terrenales tienen peso también; pueden ministrar vida o muerte a aquellos que las oyen. Te pido que me recuerdes esto a lo largo del día. Amén.

La muerte y la vida están en poder de la lengua;
Y el que la ama comerá de sus frutos.
PROVERBIOS 18.21

Primer atisbo de gris

Señor, hoy me he encontrado un cabello gris. Supongo que lo puedo llamar plateado (nada bueno) o blanco (peor aún). No importa el color que sea, ¡no es el color con el que nací! Me doy cuenta de que el proceso de envejecimiento es parte del proceso de la muerte, y la muerte en nuestro mundo es el resultado del pecado. Así que me siento perfectamente justificada al no querer envejecer. Pero debo reconocer el hecho de que no puedo estar en la estación de la juventud toda la vida. Por favor, dame cualquier tipo de gracia que me sea necesaria para resistirme a adoptar una actitud desagradable sobre envejecer, y renueva mis fuerzas cada día. Amén.

Por eso no nos desanimamos. Pues aunque por fuera nos vamos deteriorando, por dentro nos renovamos día a día.

2 Corintios 4.16 dhh

Planificar la comida

Dios, hoy estoy luchando con mi autoestima, porque simplemente me siento gorda. Sé que necesito disciplina para comer menos y hacer más ejercicio. Lo hago muy bien por un tiempo, pero luego me desvío. Me siento como en una vida falsa cuando hago dieta. Es decir, ¿quién cree que el queso sin grasa es delicioso? Veo a gente delgada todos los días, ellos pueden llevar ropa elegante y no tienen miedo de estar adelante cuando se hacen fotos de grupo. Quiero ese tipo de libertad, Señor, ayúdame a «planificar» mi comida, así podré dejar de sentirme hinchada. Amén.

En cambio, el fruto del Espíritu es. . .dominio propio.
Gálatas 5.22–23 NVI

Murmuración

Señor, hoy he sido sorprendida contando chismes. No era mi intención. Estábamos en grupo hablando de esto y de lo otro, y tú sabes cómo somos las mujeres. Estamos tanto en las relaciones y en lo que los otros hacen. En poco tiempo, la conversación se había sumergido demasiado en la vida de otra persona. Intenté dejar de escuchar, pero no me esforcé demasiado. Cuanto terminamos nuestro pequeño festín, me sentí terriblemente culpable. Por favor perdóname, Padre. Dame el coraje para tomar la decisión correcta la próxima vez; ayúdame a rechazar escuchar historias negativas de los que no pueden defenderse a sí mismos. En el nombre de Jesús, amén.

Quítense de vosotros toda. . .
maledicencia, y toda malicia.
Efesios 4.31 RVR1960

Arreglar mis pensamientos

Dios, hoy me estoy regodeando en la autocompasión. Mis pensamientos están tan centrados en cosas terrenales que me cuesta mirar hacia arriba. Podría estar lloriqueando todo el día, pero supongo que es hora dc que la música pare y termine el regodeo. Señor, no puedes obrar en mí cuando me sumerjo en la autocompasión. Perdona mi mezquindad y permíteme responder a la vida con madurez. Ayúdame a poner la vista en cosas buenas y elogiables. En el nombre de Cristo, amén.

Concéntrense en todo lo que es verdadero, todo lo honorable, todo lo justo, todo lo puro, todo lo bello y todo lo admirable.

FILIPENSES 4.8 NTV

Música

Amado Señor, la música es el lenguaje universal de la familia humana. Hoy en día, la música está disponible en multitud de dispositivos electrónicos. Y hay multitud de géneros, un despliegue de opciones de escucha. Algunos me atraen; otros, no. Pero quiero basar mis decisiones en tus principios. Lo que escucho puede afectar mi ánimo, mi actitud y mi estado espiritual. Espíritu Santo, dame discernimiento. No dejes que la música que escuche pueda contrarrestar lo que estás tratando de hacer en mí. Amén.

Si pues coméis, ó bebéis, ó hacéis otra cosa,
hacedlo todo á gloria de Dios.
1 Corintios 10.31

Codicia

Dios, es muy fácil romper el décimo mandamiento: «No codiciarás» (Éxodo 20.17). Para muchos en este mundo, codiciar es una forma de vida. Pero tú dices que no debemos compararnos con los «vecinos ricos», no envidiarlos a ellos ni a lo que tienen. Lo que me hayas dado es para recibirlo y disfrutarlo, no para analizarlo. Enséñame una gratitud más profunda por tus bendiciones. En el nombre de Jesús, amén.

Sean vuestras costumbres sin avaricia.
Hebreos 13.5 RVR1960

El mismo viejo yo

Señor, hoy vengo a ti desanimada. Los rasgos que veo en mí no me gustan. Me parece que podría hacer mucho más por ti sin algunos de los defectos inherentes de mi personalidad. Por eso, ayúdame a superar mis defectos o úsame a pesar de tenerlos. Ayúdame a amarme a mí misma, con mis imperfecciones, y a esforzarme para ser lo mejor que pueda. Sé que puedes encontrar una manera de esquivar mis impedimentos y usarme para tu gloria, como usaste a Moisés a pesar de su problema para predicar. Amén.

Señor, tú me examinas,
tú me conoces.
Salmos 139.1 NVI

Con la mirada perdida

Hoy estoy luchando, Jesús. Tengo una meta específica a la que necesito llegar, pero requiere claridad de mente. El proyecto se extiende ante mí, pero tengo los ojos en él con la mirada perdida. Sé que tú quieres que trabaje en ello, y necesito tu dirección. Dame la capacidad para pensar y completar la tarea. Amén.

Reconócelo en todos tus caminos,
Y él enderezará tus veredas.
Proverbios 3.6

Necesito palabras de oro

Padre celestial, hoy necesito palabras de reafirmación. Sabes que las palabras son importantes para mí como mujer. También sabes que tengo problemas con mi autoestima. Las otras personas de mi mundo no siempre satisfacen mi necesidad de ser afirmada verbalmente y no puedo esperar a que llenen cada vacío de mi vida. Así que, Señor, quiero mirarte a ti y a tu Palabra, para encontrar el amor y el ánimo que necesito. En el nombre de Jesús, amén.

Manzana de oro con figuras de plata
Es la palabra dicha como conviene.
PROVERBIOS 25.11 RVR1960

Prestancia

Padre celestial, necesito prestancia, ese tipo de modales y conducta que caracterizaba a las mujeres de generaciones pasadas. Parece que mi cultura lo rechaza. A las mujeres de hoy se las anima a ser espíritus libres, sin restricciones de costumbre y decoro. Pero siento vergüenza cuando veo a las mujeres usando un lenguaje rudo, sentándose de manera indecorosa y adoptando modos despreocupados de andar y comer. No quiero parecer repipi y engreída, pero quiero guardarme de ser demasiado informal. Ayúdame a desarrollar los rasgos que retratan la feminidad como el gentil y hermoso género fascinante que tú diseñaste. Amén.

Como argolla de oro en hocico de cerdo
es la mujer bella pero indiscreta.
PROVERBIOS 11.22 NVI

Lecciones de confianza

Padre celestial, enséñame a confiar. Sé que es un área de debilidad para mí. A pesar de que conozco tu carácter y tu historial, se me hace muy difícil rendirte las áreas importantes de la vida. Oh, digo que voy a hacerlo, y voy a esforzarme por confiar en ti, pero los dos sabemos que, en mi corazón, encuentro complicado dejar que tú manejes todo. Así que toma mi mano, Señor, y enséñame a confiar. Tú eres el maestro; yo soy tu alumna para siempre. En el nombre de Jesús, amén.

He puesto en Jehová el Señor mi esperanza,
Para contar todas tus obras.
Salmos 73.28 RVR1960

Instrucciones especiales

Gracias por tu Palabra, Padre. Sin ella sería una causa perdida en lo que respecta al desarrollo de un carácter piadoso. Estoy muy contenta de que hayas preservado estas palabras especiales que me dan instrucciones específicas sobre cómo vivir. Ayúdame a guardar esas escrituras en mi corazón para así ser capaz de confiar en ellas a lo largo de mi vida. Amén.

Lámpara es á mis pies tu palabra,
Y lumbrera á mi camino.
SALMOS 119.105

Guía divina

Querido Señor, a veces es muy difícil saber cuál es tu voluntad. No has escrito instrucciones específicas en el cielo ni la has estampado en una marquesina. ¿Cómo puedo saber exactamente lo que quieres que haga? ¿Cómo puedo evitar cometer un gran error? ¿Cómo procedo con esta decisión? Hoy te pido que me des sabiduría; por favor, dame dirección mientras sigo tu voluntad. A través de una persona, un pensamiento, un texto bíblico, déjame sentir tu guía para esta situación. Quiero que mi vida honre tu plan para mí. En el nombre de Jesús, amén.

Si a alguno de ustedes le falta sabiduría, pídasela a Dios, y él se la dará, pues Dios da a todos generosamente sin menospreciar a nadie.

Santiago 1.5 NVI

Cosas que no se ven

Jesús, es fácil creer en lo que puedo ver. Quisiera poder alcanzarte y tocarte. Cuando medito en tu Palabra, dame fe en lo que no puedo ver. Dame fe en que tus promesas son verdaderas y en que algún día volverás en las nubes para llevarme a casa. Amén.

Es pues la fe la sustancia de las cosas que se esperan, la demostración de las cosas que no se ven.
Hebreos 11.1

Dios es fiel

Dios mío, me fijo mucho en mi fe en ti. Y entonces me enseñas que no todo trata sobre mí. Tú eres fiel conmigo. Tú me enseñas cómo ser fiel. Nunca me abandonas. Nunca te vas a dar por vencido conmigo. Nunca me vas a dar la espalda. Siempre te presentas. Siempre crees en mí. Tú eres fiel por tu propia naturaleza. No puedes ser infiel. Gracias por tu fidelidad en mi vida. Amén.

Mas fiel es el Señor, que os confirmará y guardará del mal.
2 Tesalonicenses 3.3

Ser piadosa con propósito

Señor, he recordado recientemente que el carácter piadoso no se produce porque sí. Tengo que proponerme en mi corazón vivir una vida que te complazca. Solo entonces seré capaz de estar firme y con fuerza cuando la presión social trate de hundirme. Quiero comprometerme diariamente a obedecerte. Amén.

Y no os conforméis á este siglo; mas reformaos por la renovación de vuestro entendimiento, para que experimentéis cuál sea la buena voluntad de Dios, agradable y perfecta.

ROMANOS 12.2

Guardar el día de reposo

Padre, tú nos creaste como seres que trabajan y necesitan descanso. A veces me olvido de eso. Me quedo atrapada en todo lo que me queda por lograr. Ralentiza mi paso, Señor. Ayúdame a honrarte descansando un día a la semana. Ayúdame a mantener el sabbat santo. Gracias por diseñar la semana y por decir a tu pueblo que descanse. Depende de mí seguir tu mandamiento. Amén.

Acuérdate del día de reposo para santificarlo: Seis días trabajarás, y harás toda tu obra; mas el séptimo día es reposo para Jehová tu Dios: no hagas en él obra alguna.

Éxodo 20.8–10

Dios, estoy lidiando con el fracaso. En algo en lo que deseaba ardientemente el éxito, he tenido un resultado que deja mucho que desear. De hecho, se parece más a una humillación. No he logrado mis objetivos. Y he decepcionado a los que me importan. Así pues ¿qué hago ahora? No soy una cobarde, pero admito que me falta motivación para intentarlo de nuevo. Por favor, dame el ánimo que necesito, y ayúdame a recordar todos esos personajes de la Biblia que se negaron a que el fracaso los definiera y buscaron la gracia, se volvieron a enfrentar al desafío y vencieron. Que mi historia sea como la suya, te lo ruego. En el nombre de Jesús, amén.

Vuélveme el gozo de tu salvación,
Y espíritu noble me sustente.
Salmos 51.12 RVR1960

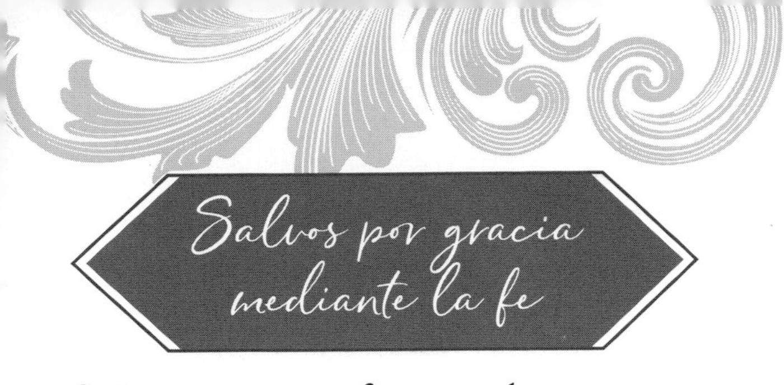

Salvos por gracia mediante la fe

Señor es muy reconfortante saber que mi posición delante de ti es segura. Gracias por verme con una nueva lente. Cuando tú me miras, gracias a que he sido salvada a través de la fe, tú ves a tu Hijo en mí. Ya no ves pecado, sino justicia. No habría podido ganarla, no importa cuánto lo hubiera intentado. Gracias por el regalo de la salvación a través de mi fe en Jesús. Amén.

Porque por gracia sois salvos por la fe;
y esto no de vosotros, pues es don de Dios:
No por obras, para que nadie se gloríe.
Efesios 2.8–9

El centro de la voluntad de Dios

Señor, sé que en el centro de tu voluntad hay paz, gozo y más ricas bendiciones. Me gustaría experimentar todas esas cosas, pero el problema que veo es que tengo que averiguar tu voluntad para mí. Por favor, ayúdame a estar atenta cuando hablas, y dame un corazón dispuesto a ser usado por ti. Amén.

Encomienda á Jehová tus obras,
Y tus pensamientos serán afirmados.
Proverbios 16.3

El corazón de ofrendar

Jesús, tú ves el corazón del dador. Puedo imaginarme el *shock* de los discípulos cuando declaraste que la pequeña ofrenda de la viuda era más grande que la de los ricos. Ellos dieron de su excedente. Ella dio todo lo que tenía. Ella quería ser parte de la obra del reino. Confió en ti para que cubrieras sus necesidades. Deseo tener un verdadero corazón dador. Que dé sacrificialmente como la viuda lo hizo. Amén.

De cierto os digo que esta viuda pobre echó más que todos los que han echado en el arca: Porque todos han echado de lo que les sobra; mas ésta, de su pobreza echó todo lo que tenía, todo su alimento.

Marcos 12.43–44

Confianza en su fuerza

Señor, a veces me vuelvo arrogante. Voy por mi cuenta y creo que lo tengo todo bajo control. Pero luego pasa algo que revuelve mi mundo. Acabo llamándote y esperando a que vengas. Tú siempre apareces. Siempre te acuerdas de mí. Soy tu hija. Ayúdame a confiar en ti antes de desesperarme. Ayúdame a recordar la fuente de mi fuerza. Amén.

Porque no confiaré en mi arco,
Ni mi espada me salvará.
Salmos 44.6

Rendición a fondo

Señor, necesito rendirme a ti. Me has mostrado el área de mi vida que he estado tratando de gobernar. Sé que necesitas llaves para cada habitación de mi vida, y aquí estoy, entregándote esta a ti. Rendirme significa que te doy permiso para cambiar, limpiar y añadir cosas. Ondear la bandera blanca no es fácil, pero es el camino al verdadero gozo. Gracias por enseñarme esto. Amén.

Ahora pues, Jehová, tú eres nuestro padre; nosotros barro, y tú el que nos formaste; así que obra de tus manos somos todos nosotros.

ISAÍAS 64.8 RVR1960

Llenos de amor

Señor, que mi hogar sea un refugio confortante para mi familia y amigos. Que sea un lugar donde se pueda escapar momentáneamente de la presión de este mundo. Ayúdame a que pueda hacerlo lo mejor posible para que sea un lugar donde la gente sepa que es amada por mí y, lo más importante, por ti. Amén.

Un mandamiento nuevo os doy:
Que os améis unos á otros: como os he amado,
que también os améis los unos á los otros.
JUAN 13.34

Listas de tareas

Dios, me gustaría saber qué es lo próximo que pasará en mi vida. Me gusta listar los elementos que requieren algún tipo de acción. Las listas de tareas pendientes son mi manera de planear el día y la semana. Las listas me mantienen en el camino, pero cualquier cosa puede ser perjudicial si se vuelve demasiado importante. Ayúdame a no trazar y planificar tanto mi vida que no haya lugar para las interrupciones divinas, para intervenciones de la Providencia. Dame paciencia con aquellos que me tuercen el día; déjame ver más allá de la irritación a lo que tú tienes en mente. En el nombre de Jesús, amén.

Podemos hacer nuestros planes,
pero el Señor determina nuestros pasos.
Proverbios 16.9 NTV

Necesaria resistencia

Estoy descubriendo, Señor, que la vida cristiana requiere resistencia. No es suficiente empezar bien. Así que permíteme moverme paciente y firme por el camino a la semejanza de Cristo. Sé que van a venir dificultades; ya hice frente a algunas. Me recuerda a las palabras del segundo verso de *Sublime gracia*: «A través de muchos peligros, trabajos y trampas, ya he llegado. Es la gracia la que me ha salvado hasta ahora y la gracia me llevará a casa». En tu nombre, amén.

Corramos con paciencia la carrera que tenemos por delante.
HEBREOS 12.1 RVR1960

Tiempo en familia

Gracias por mi hogar, amado Jesús. Me encanta estar aquí. No puedo explicar el gozo que tengo al estar rodeada por aquellos que amo. Si nuestra casa está llena de risas durante la noche de juegos o está envuelta en silenciosa contemplación durante las devociones familiares, puedo sentir tu presencia, y eso me eleva. Amén.

Amándoos los unos á los otros con caridad fraternal; previniéndoos con honra los unos á los otros.
Romanos 12.10

Críticas y juicios

Amado Señor, la crítica puede ser muy dañina. Es fácil darla, pero es difícil recibirla. A veces, la gente parafrasea Mateo 7.1 como «No juzgues». Pero realmente quiere decir «No juzgues si no quieres ser juzgado». No creo que nos damos cuenta de que, cuando criticamos a otros, nos abrimos al mismo tipo de escrutinio. No se me da muy bien alcanzar este estándar. Ayúdame a ser menos crítica con otros. Examíname, Espíritu Santo, cuando empiece a juzgar con mis palabras. Amén.

Señor, ponme en la boca un centinela;
un guardia a la puerta de mis labios.
SALMOS 141.3 NVI

Perdonar

Padre celestial, necesito perdonar a alguien que me ha hecho daño. Sé que es lo correcto, pero es muy difícil. No puedo hacerlo con mis propias fuerzas. Dame el poder de extender gracia sobre esa persona. Pon tu amor en mi corazón para que pueda tener una buena actitud y un corazón de misericordia. La Biblia dice que tengo que perdonar porque he sido perdonada. Esta es mi oportunidad para poner eso en práctica. Me apoyo en tu poder. En el nombre de Jesús, amén.

Y cuando estéis orando, perdonad,
si tenéis algo contra alguno, para que
también vuestro Padre que está en los cielos
os perdone a vosotros vuestras ofensas.
Marcos 11.25 RVR1960

La soledad de Cristo

Señor, cuán solo debiste de haber estado en el huerto cuando los discípulos se quedaron dormidos. Y, cuando Dios te dio la espalda mientras estabas colgado en la cruz, ¿existe algo comparable a lo que sentiste? Sin embargo, lo hiciste voluntariamente. Tú me entiendes cuando estoy sola, y te agradezco por estar ahí durante esos tiempos. Amén.

No temas, que yo soy contigo; no desmayes,
que yo soy tu Dios que te esfuerzo:
siempre te ayudaré, siempre te sustentaré
con la diestra de mi justicia.

Isaías 41.10

Fe delicada y poderosa

Dios, la fe es un concepto delicado, pero muy fuerte en su poder. La fe no es algo que puedas envolver con los brazos, pero es algo en lo que puedo dejar descansar mi alma. Hebreos 11.1 dice que es «la demostración de las cosas que no se ven». Eso significa que es como algo virtual, como algo que ya existe, aunque no puedas sostenerlo en tu mano. En nuestro mundo, a veces se trivializa la fe, pero para ti es de suma importancia. Por favor, aumenta mi fe, Señor. En el nombre de Jesús, amén.

Es pues la fe la sustancia de las cosas que se esperan, la demostración de las cosas que no se ven.

HEBREOS 11.1

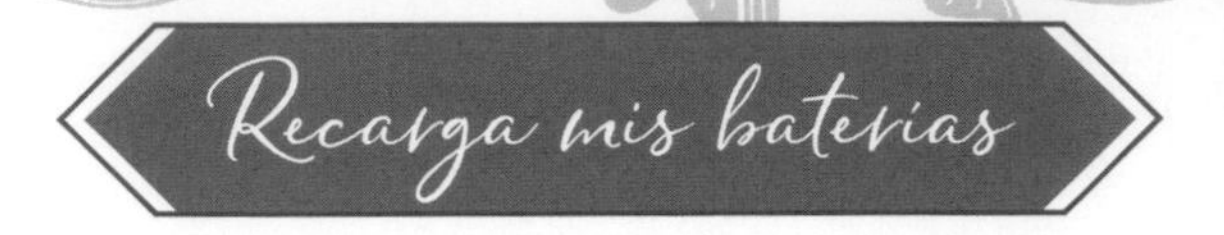

Recarga mis baterías

Amado Dios, ayúdame a mantener unidas todas las piezas de mi vida. Mi lista de tareas pendientes parece infinita. Siempre hay alguien que me necesita. Hay demandas constantes de mi energía y cordura. Siento que voy por la vida en estado de agotamiento. Sé que me impide estar en mi cumbre. Y sé que quieres que cuide de mi salud. Pero estoy estancada en un ciclo de actividad que parece no tener fin. Muéstrame qué puedo cambiar, Señor, y cómo tener el bienestar emocional y psicológico que necesito. Amén.

Él da esfuerzo al cansado, y multiplica las fuerzas al que no tiene ningunas . . . pero los que esperan a Jehová tendrán nuevas fuerzas; levantarán alas como las águilas; correrán, y no se cansarán; caminarán, y no se fatigarán.

Isaías 40.29, 31 RVR1960

Lágrimas

He oído, Dios mío, que las lágrimas hablan su propio idioma. Si eso es cierto, has hecho locuaces a las mujeres en dos sentidos: palabras y lágrimas. Siendo el reflejo más suave y emocional de tu imagen, tendemos a llorar con facilidad. Como la mayoría de las mujeres, lloro por varias razones, y a veces sin razón alguna, como hoy. Pero tú lees lo que hay en mi corazón, sé que lo entiendes. Gracias por valorar mis lágrimas. Amén.

Pon mis lágrimas en tu redoma;
¿No están ellas en tu libro?
Salmos 56.8 RVR1960

Un mundo más amigable

Amado Dios, estaba fijándome en toda la gente de mi alrededor que realmente podría necesitar un amigo. Por cualquier razón, todos están solos y heridos. Necesito llegar a ellos. Te pido que me des oportunidades e ideas para que sepan que me importan. Que yo pueda hacer del mundo un lugar un poco más amigable para ellos. Amén.

Y finalmente, sed todos de un mismo corazón, compasivos, amándoos fraternalmente, misericordiosos, amigables.

1 PEDRO 3.8

Ira

Dios, necesito una solución para mi enojo. A veces le dejo tomar el control y luego termino lamentándome por lo que me hace decir o hacer. Conforme oro y estudio y me acerco más a ti, muéstrame maneras de controlarlo. Guíame a los versículos adecuados para memorizarlos e incorporarlos en mi vida. Guíame a alguien ante quien pueda dar cuentas. Y, sobre todo, ayúdame a luchar por el autocontrol. Amén.

Si es posible, en cuanto dependa de vosotros, estad en paz con todos los hombres. No os venguéis vosotros mismos, amados míos, sino dejad lugar a la ira de Dios; porque escrito está: Mía es la venganza, yo pagaré, dice el Señor.

ROMANOS 12.18–19 RVR1960

Nunca sola en realidad

Padre celestial, estoy sola hoy. No hay nadie con quien pueda compartir lo que está pasando en mi vida ahora mismo. Oh, tengo amigos, pero ninguno entiende realmente esto. Pero tú me creaste, y me conoces más que nadie. Hoy te pido que me dejes sentir tu presencia conmigo. Estar sola es una cosa terrible, pero me prometiste que nunca me dejarías. Así que sé que estás conmigo. Estoy agradecida por tu cuidado y amor constantes. En el nombre de Jesús, amén.

Dios ha dicho: «Nunca te dejaré ni te abandonaré».

Hebreos 13.5 DHH

Una fe que flota

Dios, he visto ríos desbordados; he visto cómo el agua furiosa destruye comunidades enteras. Y ahora mismo siento que la marea de mi vida está alcanzando el nivel de las inundaciones. Estoy teniendo problemas para mantener mi cabeza por encima del agua, pero las olas chocan contra mí. Esta lucha con la depresión es casi más de lo que puedo soportar. A veces solo quiero rendirme a la corriente y deslizarme bajo el agua. Pero otros dependen de mí, y te causará daño si decido acabar este viaje de esa manera. Por favor, levántame en esta inundación; tus manos son las únicas que pueden. Amén.

Cuando pases por las aguas, yo estaré contigo; y si por los ríos, no te anegarán.
ISAÍAS 43.2 RVR1960

Provisión para las misiones

En tu Palabra nos has mandado llevar el evangelio a todas las naciones. También dijiste que, cuando somos obedientes, cubrirás nuestras necesidades. Por favor, cubre las necesidades de nuestros misioneros, Señor. Provee lo que necesiten psicológica y espiritualmente, y permite que muchas almas se salven como resultado.

No os congojéis pues, diciendo: ¿Qué comeremos, ó qué beberemos, ó con qué nos cubriremos? Porque los Gentiles buscan todas estas cosas: que vuestro Padre celestial sabe que de todas estas cosas habéis menester.

Mateo 6.31–32

Un ejemplo de devoción

Dios, ayúdame a ser un ejemplo de una discípula fiel para mi familia y amigos. Aquellos que son cercanos en nuestras vidas tienen la habilidad de conducirnos lejos de la justicia y la bondad. Te ruego que todo lo que haga o diga te honre y que nunca sea una piedra de tropiezo para los demás. Que todo el que esté dentro de mi círculo de influencia me vea ser fiel a ti. Amén.

El justo hace ventaja á su prójimo:
Mas el camino de los impíos
les hace errar.
Proverbios 12.26

Gozo en el nombre del Señor

Padre, esta mañana me encuentro aquí contigo por algunos momentos antes de que las ocupaciones del día tomen el control. Confío en ti. No siempre es fácil confiar, pero me has demostrado que vale la pena confiar en ti en mi vida. Encuentro gozo al saber que eres mi defensor. Vas delante de mí en este día a la batalla. Elijo el gozo hoy, porque amo el nombre del Señor Todopoderoso. Amén.

Y alegrarse han todos los que en ti confían;
Para siempre darán voces de júbilo, porque
tú los defiendes: Y en ti se regocijarán
los que aman tu nombre.

SALMOS 5.11

Mostrar misericordia

Jesús, como el buen samaritano de tu parábola, también puedo mostrar misericordia. Algunos puede que nunca entren por las puertas de una iglesia, ¡pero qué gran diferencia puede marcar un acto de gracia! Pon delante de mí oportunidades para mostrar favor inmerecido. Eso es, después de todo, lo que me has mostrado a mí. Tú moriste por mis pecados. Nunca podría haberme ganado la salvación. Es gratis, un acto de gracia. Hazme misericordiosa. Amén.

¿Quién, pues, de estos tres te parece que fué el prójimo de aquél que cayó en manos de los ladrones? Y él dijo: El que usó con él de misericordia. Entonces Jesús le dijo: Ve, y haz tú lo mismo.

LUCAS 10.36–37

Un hogar centrado en Dios

Padre, muchos hogares están siendo sacudidos en estos días. Muchas familias se están rompiendo en pedazos a mi alrededor. Protege mi casa, te ruego. Protege a los que amo. Sé el fundamento de mi hogar, fuerte y sólido, consistente y sabio. Que cada decisión que se tome refleje tus principios. Que los que visiten esta casa y se encuentren con esta familia sean conscientes de nuestra singularidad, porque servimos al único Dios verdadero y todopoderoso. Amén.

Si Jehová no edificare la casa,
En vano trabajan los que la edifican:
Si Jehová no guardare la ciudad,
En vano vela la guarda.
SALMOS 127.1

Invitación al descanso

Jesús, tú dijiste a tus discípulos que descansaran. Los dirigiste para que dejasen a la muchedumbre, se relajaran y comieran. Tú viste cuán ocupados estuvieron con el ministerio y que necesitaban recuperarse. Si los dirigiste a descansar, incluso a esos doce que trabajaron a tu lado diariamente, también debes de querer que yo descanse. Recuérdame que debo darme un tiempo de descanso del ministerio. ¡Necesito escuchar que me das permiso para descansar! Amén.

Y él les dijo: Venid vosotros aparte al lugar desierto, y reposad un poco. Porque eran muchos los que iban y venían, que ni aun tenían lugar de comer.
Marcos 6.31

El libro de sabiduría de Dios

Señor, hoy en día hay disponibles muchos libros de «cómo hacer» esto o aquello, y prometen aumentar mi conocimiento en algún área. Pero ninguno de ellos ofrece ninguna esperanza de sabiduría adicional. Solo tu Palabra ofrece eso. Gracias por proporcionar los medios para conocerte mejor y vivir la vida con abundancia. Amén.

Porque recta es la palabra de Jehová,
Y toda su obra con verdad hecha.
SALMOS 33.4

Confianza en su guía

Padre, esta mañana vengo ante ti y te alabo. Eres bueno y amoroso. Tienes solamente los mejores intereses para mí en el corazón. Toma mi mano y guíame. Enséñame el camino por el que ir. Como una niña llevada en los brazos de un padre cariñoso, permíteme relajarme y confiar en ti. Sé que tú nunca me llevarás por mal camino. Gracias, Dios, por esta garantía. Amén.

Hazme oir por la mañana tu misericordia,
Porque en ti he confiado: Hazme
saber el camino por donde ande,
Porque á ti he alzado mi alma.
SALMOS 143.8

Orar por una fe valiente

Deseo una fe valiente, Jesús. Como la mujer que te siguió, llorando, pidiéndote que sacaras un demonio de su hija. Ella era una gentil, no una judía; y te llamó «Hijo de David». Ella te reconoció como el Mesías. Y te detuviste. Su fe te impresionó. Curaste a la niña. Quiero ser así de valiente. Que pueda reconocer que tú eres la única solución para cualquier problema. Amén.

Entonces respondiendo Jesús, dijo: Oh mujer, grande es tu fe; sea hecho contigo como quieres. Y fué sana su hija desde aquella hora.

Mateo 15.28

Un trabajo agradable

Me siento bendecida por tener un trabajo que disfruto, Señor. Mucha gente no puede decir lo mismo, y muchos de ellos probablemente tengan una buena razón para que no les guste su trabajo. Gracias por abrirme esta puerta de oportunidades. Has cubierto mis necesidades de una manera maravillosa. Amén.

No sirviendo al ojo, como los que agradan á los hombres; sino como siervos de Cristo, haciendo de ánimo la voluntad de Dios; Sirviendo con buena voluntad, como al Señor, y no á los hombres.

Efesios 6.6–7

Venir a Jesús

Vengo a ti, Señor Jesús. Ese es el primer paso. Vengo a ti en este momento de tranquilidad. Mientras comienzo este nuevo día, calma mi espíritu. Hay trabajos que debo hacer. Pero incluso mientras trabajo puedo encontrar descanso en ti. Borra la tensión y el estrés en mí, Señor, como solo tú puedes hacer. Gracias por la sensación de paz. Amén.

Venid á mí todos los que estáis trabajados y cargados, que yo os haré descansar.
MATEO 11.28

Seguir el ejemplo de Cristo

Señor, tú siempre estás ahí, y tienes una paciencia constante conmigo. ¿Y si no fuera así? ¿Y si hubieras llegado a tu límite y mostrases la ira que merezco en mi pecaminosa imperfección? Por tu gran paciencia conmigo, no dejes que me canse de ser paciente conmigo misma. Déjame modelar lo que me has mostrado por tu ejemplo. Gracias, Dios, por tu gran paciencia conmigo. Amén.

No nos cansemos, pues, de hacer bien;
que á su tiempo segaremos,
si no hubiéremos desmayado.
Gálatas 6.9

Organizar las prioridades

Padre, realmente tengo muchas cosas que hacer y no soy muy buena con la multitarea. Necesito tu ayuda cada día mientras organizo las tareas que hay que hacer. Muéstrame cómo priorizar mi carga de trabajo de modo que pueda hacer las cosas de la manera más eficiente, y que mi trabajo sea agradable a tu vista. Amén.

Mas buscad primeramente el reino de Dios y su justicia, y todas estas cosas os serán añadidas.

Mateo 6.33

En la fortaleza de Cristo

Padre, estoy muy agradecida por la fuerza que me es dada como cristiana. No puedo hacer nada por mi cuenta, pero, a través de Cristo, puedo hacer todas las cosas. Es reconfortante saber que la palabra *todo* incluye las pruebas y preocupaciones que te traigo esta mañana. Las pongo a tus pies, Señor. Te tomo la palabra. Todo lo puedo a través de Jesús que vive en mí. Amén.

Todo lo puedo en Cristo
que me fortalece.
FILIPENSES 4.13

No temeré mal alguno

¡Qué maravilloso, Dios, que la muerte no tenga poder sobre el cristiano! Tú eres fuerte y poderoso, Dios, el único y verdadero Dios. Estás conmigo protegiéndome todo el camino. Y, cuando llegue el final de esta vida, sea cuando sea, tú caminarás conmigo a través del valle de la sombra de la muerte. ¡La muerte ha perdido su aguijón porque Cristo la ha vencido! Oro en tu nombre, amén.

Aunque ande en valle de sombra de muerte, No temeré mal alguno; porque tú estarás conmigo: Tu vara y tu cayado me infundirán aliento.

Salmos 23.4

Sabiduría de Dios

¡Soy tan olvidadiza! Dios, sé cuántas veces me has exhortado a buscar tu sabiduría, pero todavía intento una y otra vez hacer las cosas por mi cuenta. Cabría pensar que aprendería después de tantos errores, pero supongo que soy muy orgullosa. No quiero continuar así. Quiero tu sabiduría, para así poder vivir mi vida como tú la has diseñado. Amén.

¡Oh profundidad de las riquezas de la sabiduría y de la ciencia de Dios!
ROMANOS 11.33

Padre, a veces me preocupo demasiado por lo que los otros piensan de mí. Incluso cuando tengo un desacuerdo de poca importancia con un amigo o compañero, tengo miedo de no gustarle más a esa persona. Me preocupa no haber cumplido con lo que se esperaba de mí. Recuérdame, Padre, que debo buscar mi última fuerza y coraje de ti y solo de ti. Amén.

Y David fué muy angustiado,
porque el pueblo hablaba de apedrearlo;
porque todo el pueblo estaba con ánimo amargo,
cada uno por sus hijos y por sus hijas:
mas David se esforzó en Jehová su Dios.
1 Samuel 30.6

Comenzar donde estoy

¡Jesús, nos has dado una tarea monumental! ¿Cómo puedo enseñar a todas las naciones y bautizar a la gente? Oh. . . ¿quieres decir que tal vez no tenga que dejar mi comunidad? Hay gente a mi alrededor que no te conoce, Señor. Ayúdame a empezar con ellos en mi círculo de influencia. El empleado del súper que se ve cansado y afligido… El profesor de la escuela de mi hijo que está tan perdido… Dame el valor para alcanzarlos. Amén.

Por tanto, id, y doctrinad á todos los Gentiles, bautizándolos en el nombre del Padre, y del Hijo, y del Espíritu Santo.

Mateo 28.19

Una carga de estrés

Cumplimiento de plazos, agendas deportivas, visitas inesperadas. . . ¡voy a arrancarme los cabellos! Sé que todos tenemos nuestra parte de estrés, pero ¿no recibí una carga extra esta semana, Padre? No estoy segura del propósito de esto, Pero sé que hay una razón, Señor. Dame paciencia a través de la prueba y haz que pueda complacerte. Amén.

Llevad mi yugo sobre vosotros, y aprended de mí, que soy manso y humilde de corazón; y hallaréis descanso para vuestras almas. Porque mi yugo es fácil, y ligera mi carga.

Mateo 11.29–30

Protección de la tentación

Hay tentación a mi alrededor, Padre. Es fácil para mí decir que no a algunas de ellas. Pero hay maneras sutiles en las que Satanás me tienta también. La película que no es apropiada… pero todas mis amigas van a verla. El nuevo estilo que se ve lindo y divertido… pero un poco provocativo para una mujer cristiana. Señor, mantén mi corazón centrado en ti. Protege mi corazón de las influencias de este mundo. Amén.

¿Tomará el hombre fuego en su seno,
Sin que sus vestidos se quemen?
Proverbios 6.27

Seria advertencia

Mire por donde mire, Padre, mi sociedad dice que todo está bien. Sexo antes del matrimonio y fuera del matrimonio. Tú nos adviertes que ese tipo de pecado es grave. Lo que hacemos con nuestros cuerpos permanece en nuestros corazones y mentes por largo tiempo. Protégeme de las influencias en mi vida que dicen que esas cosas son permisibles cuando tu Palabra claramente dice que no son buenas para mí. Amén.

Huid de la fornicación. Cualquier otro pecado que el hombre hiciere, fuera del cuerpo es; mas el que fornica, contra su propio cuerpo peca.
1 Corintios 6.18

El campo de misión

Padre, yo creo que el campo de misión que tienes para mí está aquí mismo en mi casa, pero sé que quieres que me involucre en misiones mundiales también. Ayúdame a orar por nuestros misioneros con fe. Dame sabiduría en cuanto a cómo quieres que los apoye financieramente y muéstrame cualquier otra manera de poder ayudarlos. Amén.

Más bienaventurada cosa es dar que recibir.
HECHOS 20.35

Dios me conoce

Dios, la Biblia dice que ya me conocías incluso antes de haberme formado en el vientre de mi madre. Encuentro confianza en esto. ¡Has estado conmigo en todo este viaje! Mientras me enfrento al día de hoy, ayúdame a recordar que nunca estoy sola. Vas delante de mí a preparar el futuro. Tú caminas conmigo a través del presente. ¡Y siempre has estado conmigo, desde antes que naciese! Amén.

Porque tú poseiste mis riñones;
Cubrísteme en el vientre de mi madre.
Te alabaré; porque formidables, maravillosas son tus obras: Estoy maravillado,
Y mi alma lo conoce mucho.
Salmos 139.13–14

La trampa de Marta

Señor, quiero servirte, pero quiero hacerlo a tu manera. Por favor, no me dejes caer en la trampa de Marta, de cubrir solamente las necesidades físicas. Aunque esos elementos son importantes, no alcanzan a la persona entera. Permíteme ser una bendición en las áreas espirituales y emocionales. Amén.

Dad, y se os dará; medida buena, apretada, remecida, y rebosando darán en vuestro seno: porque con la misma medida que midiereis, os será vuelto á medir.

Lucas 6.38

Dios escucha mis oraciones

Señor, los dioses de otras religiones no son próximos y accesibles. Sus súbditos se inclinan ante ellos en angustia, esperando encontrar favor a sus ojos. Esos dioses no son reales. Tú eres el único y verdadero Dios viviente, un Padre amoroso celestial. Me encanta lo que tu Palabra dice sobre que puedo venir a ti con confianza. Escuchas mis oraciones. Conoces mi corazón. Gracias, Padre. Habla a mi corazón mientras medito en tu Palabra ahora. Amén.

Y esta es la confianza que tenemos en él, que si demandáremos alguna cosa conforme á su voluntad, él nos oye.

1 Juan 5.14

Cuándo guardar silencio

Padre celestial, tu Palabra dice que mi lengua tiene un gran poder. Mis palabras pueden ayudar o hacer daño. Hay momentos en que lo mejor es el silencio. Ayúdame a distinguir entre los momentos en que debo hablar y los momentos en los que me tengo que callar. Te pido sabiduría a lo largo de mi jornada. Quiero que mi hablar te honre. Pon guarda a mis labios, te ruego. Amén.

En las muchas palabras no falta pecado:
Mas el que refrena sus labios es prudente.
PROVERBIOS 10.19

Sigue trabajando en mí

Amado Dios, estoy bastante lejos de ser perfecta, pero confío en la certeza de que tú me amas tal como soy. Eres el que ha comenzado una obra en mí, y serás fiel para completar lo que has empezado. Qué emoción saber que me harás como quieres que sea. Amén.

Misericordia y verdad no te desamparen; Atalas á tu cuello, Escríbelas en la tabla de tu corazón.
PROVERBIOS 3.3

Aplicar la instrucción

Dios, dame oídos para escuchar. Agudiza mis sentidos y hazme sabia. A menudo soy orgullosa. Pienso que lo sé todo. Pero no. Necesito instrucciones de ti. Sé que viene de muchas formas… mediante la lectura y meditación en tu Palabra, a través de tu pueblo y a través de las circunstancias. Ayúdame a ser una buena oyente y a aplicar las instrucciones que me envías a mi camino. Quiero ser sabia, Padre. Amén.

Escucha el consejo, y recibe la corrección,
Para que seas sabio en tu vejez.
PROVERBIOS 19.20

Sendas rectas

El camino recto es a menudo el menos transitado. Estoy aprendiendo esto, Padre, demasiado despacio. Tú siempre me guiarás al camino recto. Nunca dejarás que me descarríe. He estado en la encrucijada muchas veces, y volveré a enfrentarme a tales decisiones una y otra vez. Mantén mi corazón centrado en ti para que pueda ser llevada por caminos agradables, caminos que glorificarán a mi Rey. Amén.

Por el camino de la sabiduría te he encaminado,
Y por veredas derechas te he hecho andar.
PROVERBIOS 4.11

Equilibrio entre trabajo y reposo

Me he tenido que reír mientras leía ese versículo que dice «No des sueño a tus ojos, ni a tus párpados adormecimiento» (Proverbios 6.4). ¡Supongo que no tendré mucho problema para obedecerlo! Tengo más dificultad con «Venid ... aparte ... y reposad un poco» (Marcos 6.31). Pero creo que capto el sentido. Por favor, ayúdame a aprender a tener equilibrio entre el trabajo y el descanso. Amén.

Mi rostro irá contigo,
y te haré descansar.
Éxodo 33.14

Generosidad

Padre, el salmista declara que nunca ha visto al justo abandonado ni a sus hijos hambrientos. Esto me inspira. Sé que bendices a los que dan. Quiero dejar un legado de generosidad para mis hijos o para otros que han sido influenciados por mi vida. Lo que ven en práctica con respecto a dar impactará sus decisiones. Que seamos una familia generosa, siempre buscando oportunidades para mostrar misericordia. Amén.

Mozo fuí, y he envejecido,
Y no he visto justo desamparado,
Ni su simiente que mendigue pan.
En todo tiempo tiene misericordia, y presta;
Y su simiente es para bendición.
SALMOS 37.25–26

Una mujer que teme al Señor

Dios, quiero ser una mujer de Proverbios 31. Mi foco no debería estar en belleza externa, en la ropa o las joyas que llevo. Más bien, que otros noten que mi corazón siempre te está buscando. No quiero nada más que ser conocida como una mujer de Dios. Guárdame de la vanidad. La belleza exterior no permanece, pero un bello espíritu, sí. Medito en tu Palabra ahora, Señor. Quiero honrarte. Amén.

Engañosa es la gracia, y vana la hermosura:
La mujer que teme á Jehová,
ésa será alabada.
PROVERBIOS 31.30

Ser como Cristo

Hay una línea muy fina entre la autoestima y la arrogancia. A veces tengo problemas para distinguir entre las dos. Padre, tú me creaste a tu imagen. Por eso estoy agradecida, pero tengo que recordar que no soy perfecta. Ayúdame a no ser orgullosa, para esforzarme diariamente en ser más como tú. Amén.

Cuando viene la soberbia,
viene también la deshonra:
Mas con los humildes es la sabiduría.
PROVERBIOS 11.2

Diezmar

Padre, tú me dices que te pruebe con mi diezmo. Si lo doy con generosidad, bendecirás mi hogar. La encontraré rebosante de bendiciones. No habrá suficiente espacio para contenerlo todo. ¡Me imagino las ventanas del cielo abriéndose y las bendiciones derramándose sobre mí! No eres un Dios que salpica bendiciones o las da en pellizcos o pequeñas muestras. Eres un dador espléndido. Amén.

Traed todos los diezmos al alfolí ... y probadme ahora en esto, dice Jehová de los ejércitos, si no os abriré las ventanas de los cielos, y vaciaré sobre vosotros bendición hasta que sobreabunde.

Malaquías 3.10

Un testimonio

Mi vida es una canción de alabanza a ti, ¡mi Padre fiel, el dador de la vida! Cuando la gente oiga mi testimonio de tu bondad, podrán venir a conocerte. Quiero que otros se den cuenta de la diferencia que hay en mí y que se pregunten por qué tengo este gozo, esta paz. Puedo señalarles a ti, Señor, y que ellos confíen en ti para la salvación. Tú eres el camino, la verdad y la vida. Amén.

Puso luego en mi boca canción nueva, alabanza á nuestro Dios. Verán esto muchos, y temerán, Y esperarán en Jehová.

Salmos 40.3

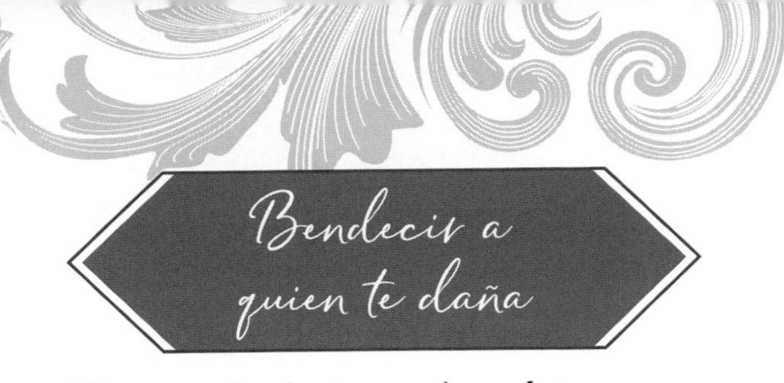

Bendecir a quien te daña

Dios, cuando alguien me hace daño, no me siento como para bendecirlo o bendecirla. Recuérdame lo que tu Palabra me enseña sobre el amor. El amor no guarda ningún registro de los errores. El amor perdona. Restaura. El amor lo intenta otra vez. El amor deja ir. ¡El amor bendice incluso cuando no es mi turno para bendecir! Dame un espíritu de amor que venza al mal. Y permíteme bendecir a los que me hacen daño. Solo puedo hacer eso en tu poder. Amén.

No volviendo mal por mal, ni maldición por maldición, sino antes por el contrario, bendiciendo; sabiendo que vosotros sois llamados para que poseáis bendición en herencia.

1 Pedro 3.9

En peligro

Amado Dios, muchos misioneros están en peligro. Se enfrentan a amenazas terroristas, condiciones de vida insalubres e incluso a fieras o enfermedades peligrosas que apenas puedo imaginar. Por favor, protégelos, Padre. Ellos han asumido voluntariamente estos riesgos para que otros puedan conocer tu amor. Mantenlos bajo tus alas de seguridad. Amén.

Resplandeció en las tinieblas
luz á los rectos:
Es clemente, y misericordioso, y justo.
SALMOS 112.4

Un corazón agradecido

Señor, todo lo bueno que hay en mi vida viene de ti. A menudo me olvido de agradecértelo. Estoy agradecida por tu provisión y tu protección. Estoy agradecida por mi familia y amigos. Estoy sobre todo agradecida por el gozo de mi salvación, que viene a través de Cristo. Dame un corazón agradecido, te lo ruego. Permíteme recordar siempre que todo don bueno y perfecto viene de tu mano. Amén.

Y la paz de Dios gobierne en vuestros corazones, á la cual asimismo sois llamados en un cuerpo; y sed agradecidos.
COLOSENSES 3.15

Todo mi ser

Cuando te preguntaron cuál era el mandamiento más grande, no esquivaste la pregunta. Respondiste con claridad, Jesús. Yo debo amar al Señor mi Dios con todo mi corazón, alma, mente y fuerza. Debo amar a mi Dios con todo mi ser. No debe quedar nada cuando termino de amar a Dios. No quedan migajas para alimentar a los ídolos que desean mi atención. Es todo para ti. Amén.

Amarás pues al Señor tu Dios de todo tu corazón, y de toda tu alma, y de toda tu mente, y de todas tus fuerzas; este es el principal mandamiento.

MARCOS 12.30

Especial para el Padre

Padre, ¿cómo puedo poner en duda mi valor ante tus ojos? Tú conoces el número de cabellos en mi cabeza. Me creaste, y dijiste que tu creación es buena en gran manera. Cuando estoy tentada a infravalorarme, me recuerdas que soy especial para ti, y no hay nadie exactamente como yo. Amén.

En la multitud de mis pensamientos dentro de mí, Tus consolaciones alegraban mi alma.
SALMOS 94.19

El amor cubre las faltas

Señor, todos mis pecados fueron clavados en la cruz cuando tu Hijo murió por mí. Sin la gracia, no soy más que un trapo sucio ante un Dios santo. Pero, por medio de Cristo, soy adoptada como tu hija, perdonada. Hay orgullo en esta hija, Dios. Orgullo que resiste el perdón. Orgullo que dice que «estoy bien». Recuérdame la multitud de mis pecados que ha cubierto tu amor por medio de Jesús. Ayúdame a amar a otros adecuadamente. Amén.

El odio despierta rencillas:
Mas la caridad cubrirá todas las faltas.
PROVERBIOS 10.12

Encontrar tiempo para el reposo

Tengo problemas hasta para sentarme a tomar un almuerzo, Padre. Descansar se ve como una noción muy remota. Sé que quieres que encuentre tiempo para descansar y para pasar tiempo contigo, pero estoy en marcha constantemente, y todavía no consigo acabarlo todo. Por favor, ayúdame, Señor, a hacer del reposo una prioridad. Amén.

Echa sobre Jehová tu carga,
y él te sustentará;
No dejará para siempre caído al justo.
SALMOS 55.22

Mostrar que amo a Dios

Dios, ¿cómo puedo mostrar que te amo? Debe ser algo más que una frase que utilice en la oración. La manera en que lo muestro es guardando tus mandamientos. Necesito de tu fuerza para esto. Fallo cada día. Renueva mi deseo de vivir de acuerdo a tus principios. No son sugerencias. Son mandamientos. Honrarlos me harán verte obrar en mi vida. Te amo, Señor. Amén.

El que tiene mis mandamientos, y los guarda,
aquél es el que me ama; y el que me ama,
será amado de mi Padre, y yo le amaré,
y me manifestaré á él.

Juan 14.21

Sublime gracia

Señor, a veces me encuentro inmersa en tratar de hacer buenas obras. Necesito recordar que soy salva por tu gracia. Estás satisfecho conmigo simplemente porque creo en tu Hijo, Jesús, y lo he aceptado como Salvador. Tú no me bendices ni me das buenos dones basándote en mi rendimiento. Recuérdame tu gracia sublime, y hazme ser benigna con otros. En el nombre de Jesús te lo pido, amén.

Porque por gracia sois salvos por la fe;
y esto no de vosotros, pues es don de Dios:
No por obras, para que nadie se gloríe.
Efesios 2.8–9

Relaciones dañinas

Señor, generalmente pienso que las relaciones se dan entre personas, y se me olvida que mi relación con las cosas puede afectar seriamente cómo reacciono con la gente. Por ejemplo, a veces me quedo tan absorta en un programa de televisión que me olvido de dedicar la atención necesaria a mi familia. Perdóname, Padre. Ponte al cargo de mis relaciones. Amén.

Vosotros también, poniendo toda diligencia por esto mismo, mostrad en vuestra fe virtud, y en la virtud ciencia; Y en la ciencia templanza, y en la templanza paciencia, y en la paciencia temor de Dios; Y en el temor de Dios, amor fraternal, y en el amor fraternal caridad.

2 Pedro 1.5–7

Administradora de gracia

Señor, gracias por los dones que me has concedido. Miro alrededor a otros creyentes en mi vida. Todos hemos sido dotados de maneras distintas. Ayúdame a ser una buena administradora de los dones que me has dado en esta vida. En vez de mirarme a mí misma, tengo oportunidades para usar mis habilidades para ministrar a otros. Entiendo que es haciéndolo como puedo honrarte. Amén.

Cada uno según el don que ha recibido, adminístrelo á los otros, como buenos dispensadores de las diferentes gracias de Dios.
1 Pedro 4.10

Una heredera del Rey

Padre celestial, ¡gracias por adoptarme como heredera del Rey de reyes! Tú me diste una manera de venir ante ti, santo Dios. Cristo llevó mi pecado como su carga. Mi pecado fue clavado en la cruz y perdonado para siempre, de una vez por todas. Gracias por la vida abundante que poseo gracias a que soy tuya. Te alabo por verme a través de esa lente llamada gracia. Amén.

Para que, justificados por su gracia,
seamos hechos herederos según la
esperanza de la vida eterna.
TITO 3.7

Esperanza para el futuro

Señor, no puedo ver el futuro. Solo puedo ver una pieza del puzle, pero tú ves el puzle completo. Al atravesar este día, no voy a tener miedo porque tú estás al control. Cuando las cosas parecen desesperadas, hay esperanza. Mi esperanza está en un Dios soberano que dice que él sabe los planes que tiene para mí. Cuento contigo para ayudarme. Amén.

Porque yo sé los pensamientos que tengo acerca de vosotros, dice Jehová, pensamientos de paz, y no de mal, para daros el fin que esperáis.
Jeremías 29.11

Amar a mis enemigos

Señor, algunos de tus mandamientos son fáciles de entender, como cuidar de las viudas y los huérfanos. Pero algunos de ellos son contrarios a la naturaleza humana. Es más fácil tener misericordia con las personas que amamos, pero tú nos dices que amemos a nuestros enemigos. Mandaste amar a los que son difíciles de amar. Dame un amor para los difíciles de amar, Padre. Quiero tener un corazón que te agrade. Amén.

Porque si amareis á los que os aman, ¿qué recompensa tendréis? ¿no hacen también lo mismo los publicanos? Y si abrazareis á vuestros hermanos solamente, ¿qué hacéis de más? ¿no hacen también así los Gentiles?

Mateo 5.46–47

Todo lo que necesito

Padre celestial, eres un Dios de esperanza, gozo y gran amor. No necesito señales o maravillas. A menudo espero a que las situaciones o personas pasen de ser desesperadas a esperanzadas. Pero mi esperanza está en ti. No necesito esperar nada más ni buscar ninguna otra fuente. Guardo silencio ante ti esta mañana y te pido que renueves la esperanza dentro de mi corazón. Gracias, Padre. Amén.

Y ahora, Señor, ¿qué esperaré?
Mi esperanza en ti está.
Salmos 39.7

La mejor relación

Amado Jesús, he conocido a mucha gente en mi vida. He disfrutado muy buenas relaciones y he tratado de evitar lo malo. Una cosa es cierta, aunque mi relación contigo es más importante. Estoy muy contenta de que tengas tiempo para mí y quieras que tenga comunión contigo. No podría pedir un amigo mejor. Amén.

Jehová en medio de ti, poderoso, él salvará; gozaráse sobre ti con alegría, callará de amor, se regocijará sobre ti con cantar.

Sofonías 3.17

Amar de obra y en verdad

Padre, es fácil decir las palabras «te amo», pero es más difícil vivirlas. Tú quieres que tus hijos amen a sus enemigos. Nos dices que amemos de obra y en verdad. Esos son altos llamamientos que requieren a tu Espíritu Santo obrando en nosotros. Úsame hoy como una vasija de amor en mi pequeño rincón del mundo. Permíteme amar mediante mis acciones y no solo con palabras. Amén.

Hijitos míos, no amemos de palabra ni de lengua, sino de obra y en verdad.
1 JUAN 3.18

Los que quedan atrás

Padre, me gustaría tomar un momento para orar por las familias extensas de los misioneros. A menudo nos olvidamos de que cuando los siervos obedientes llevan tu evangelio a lugares lejanos, dejan atrás a sus parientes. La separación puede ser difícil. Elimina la soledad. Bendice a cada miembro de la familia de una manera especial. Amén.

Porque ninguno de nosotros vive para sí,
y ninguno muere para sí.
ROMANOS 14.7

Bendice su nombre

Jesús, solo tú eres digno de toda mi alabanza. Bendigo tu nombre. Algún día voy a alabarte sin final, sin mirar atrás, sin distracciones terrenales. Te alabaré en el cielo por siempre… con los ángeles y con todo tu pueblo. Por hoy, voy a tu mundo y elijo bendecir tu nombre en el presente. Acepta mi ofrenda de alabanza. Amén.

Y miré, y oí voz de muchos ángeles alrededor del trono, y de los animales, y de los ancianos; y la multitud de ellos era millones de millones, Que decían en alta voz: El Cordero que fué inmoladoes digno de tomar el poder y riquezas y sabiduría, y fortaleza y honra y gloria y alabanza.

Apocalipsis 5.11–12

La belleza del Señor

Que mi búsqueda de ti, Señor, sea mi «única cosa». ¡Te alabo y te sirvo en esta vida, que no es más que un entrenamiento para la eternidad! Espero con impaciencia al cielo, Padre, donde realmente podré conocer las profundidades de tu belleza. Veo reflejos de tu belleza en la creación. Un día será revelada por completo. ¡Qué día tan glorioso será! Hasta entonces, sé mi «única cosa». Te amo, Señor. Amén.

Una cosa he demandado á Jehová, ésta buscaré: Que esté yo en la casa de Jehová todos los días de mi vida, Para contemplar la hermosura de Jehová, y para inquirir en su templo.

Salmos 27.4

Un solo Señor

Padre, hay muchas cosas en este mundo que se disputan mi afecto. ¡Parece que siempre hay un nuevo producto o moda del que algún anuncio comercial dice que no puedo prescindir! Es fácil ser atrapada por el materialismo. Guarda mi corazón, Padre, y guarda también mi lengua. Recuérdame que la palabra *amor* no debe ser usada tan a la ligera. Te amo, Padre. Sé el Señor de mi vida, te lo ruego. Amén.

Ninguno puede servir á dos señores;
porque ó aborrecerá al uno y amará al otro,
ó se llegará al uno y menospreciará al otro:
no podéis servir á Dios y á Mammón.
MATEO 6.24

Ejemplo de modestia

Mucha gente piensa que la modestia solo es un asunto de vestimenta, pero me has mostrado que es mucho más. Es una actitud relacionada con la humildad, y eso es lo que quieres para mí. Incluso para esto me diste un ejemplo, Jesús. Ayúdame a seguir el patrón que me has dado. Amén.

Asimismo también las mujeres, ataviándose en hábito honesto, con vergüenza y modestia; no con cabellos encrespados, u oro, ó perlas, ó vestidos costosos. Sino de buenas obras, como conviene á mujeres que profesan piedad.

1 Timoteo 2.9–10

Una provisión generosa

Dios, no hay criatura en la tierra a la que hayas descuidado ni desprovisto. Te alabo ahora por las cosas diarias que suples por mí. Es a través de tu bondad como tengo alimento que comer, ropa con la que vestirme, agua para beber. Ayúdame a estar siempre agradecida por lo que tengo y no imitar a los israelitas en el desierto que, centrándose en lo que les faltaba, prefirieron quejarse. Tu poder es asombroso; gracias por suplir con generosidad cada una de mis necesidades, cada día. Amén.

Abres tu mano,
Y colmas de bendición a todo ser viviente.
Salmos 145.16 RVR1960

Santidad perfecta

Dios, cuando considero mis propias insuficiencias, me asombro por tu perfección. Tú eres verdad y justicia, santidad e integridad. No hay nadie como tú. Eres el único y verdadero Dios. Otras deidades decepcionan a sus seguidores; otros ídolos fallan. Pero tú nunca lo haces. Porque tú eres la santidad perfecta y tus demás atributos solo son buenos. No hay egoísmo, venganza o engaño en ti, Señor. Así puedo confiar en ti completamente y deleitarme en tu luz sin miedo. Amén.

No hay santo como Jehová;
Porque no hay ninguno fuera de ti,
Y no hay refugio como el Dios nuestro.
1 Samuel 2.2 RVR1960

Paz, por favor

Jesús, alguien a quién amo está en el hospital. Estoy aquí sentada en la sala de espera, aguardando al doctor, anhelando noticias, pero con miedo de oírlas. Otros me rodean, conectados a este lugar por una persona que les importa. Somos personas de todos los estratos y etapas de la vida con una cosa en común: conocemos a alguien que está sufriendo físicamente. Señor, la enfermedad y los dolores tienen que obedecer a tu voluntad, y también las emociones que cargan los corazones de los aquí presentes. Por favor, visita cada sala de espera y cada habitación de cada paciente, y trae la sanidad que solo viene de ti: tranquilidad, misericordia y valor. Amén.

Y el Dios de paz sea con todos vosotros.

Romanos 15.33 RVR1960

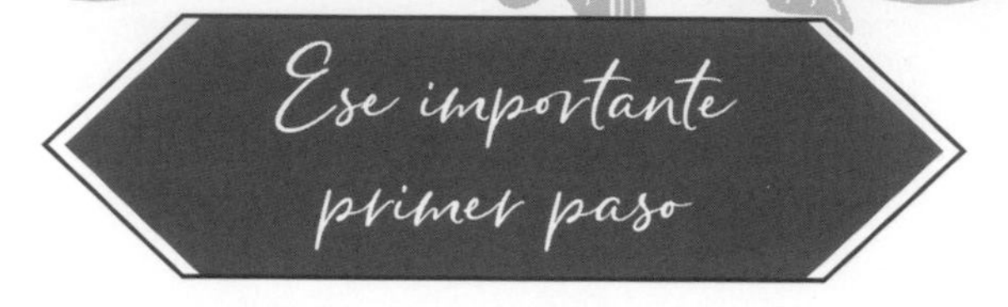

Ese importante primer paso

Señor, mis vecinos son las personas más rudas y desconsideradas que he conocido. Es difícil no quejarse de ellos, pero no tengo derecho a hacerlo. No son cristianos, y nunca les he dado testimonio. ¿Por qué iban a actuar de otra manera? Perdóname, Padre. Les llevaré tu Palabra. Por favor, abre sus corazones. Amén.

Andad en sabiduría para con los extraños, redimiendo el tiempo.
COLOSENSES 4.5

Amor que se demuestra

Dios, tengo el jefe más exigente del mundo. Necesito demostrarle el amor de Cristo, pero puede ser un reto cuando mi superior es, a veces, tan difícil de contentar. Dame valor, Señor, para elevarme por encima de mis emociones. Ayúdame a orar por mi jefe como la Biblia indica y a servirle como si te estuviese sirviendo a ti. Pues tú, Señor, eres mi verdadero superior. Bendice a mi jefe hoy, Dios, y enséñale tu amor a través de mí. Amén.

Hagan lo que hagan, trabajen de buena gana, como para el Señor y no como para nadie en este mundo.

Colosenses 3.23 NVI

Tecnología

Amado Dios, ¡el Internet es una herramienta maravillosa! Gracias por haber dado al ser humano la habilidad de inventarlo. Pero el Internet también tiene un gran potencial para el mal. Te pido que protejas a mi familia de depredadores *online*, de contenido sexual, de sitios que pueden tener una influencia negativa en sus relaciones contigo. Ayúdame a ser prudente en el uso de la web. Como otros medios de comunicación, puede ser usado de mala manera. Pero, con tu ayuda, puede ser un instrumento para bien en nuestro hogar. Amén.

No pondré delante de mis ojos cosa injusta.
Salmos 101.3 RVR1960

Un sentido de propósito

Padre, estoy inmersa en la rutina. Me gusta una cierta familiaridad, pero esto es monótono, me está alejando de mi propósito. Sé que hay partes de nuestras vidas que no son particularmente atractivas, satisfactorias o significativas (al menos, en la superficie). Sin embargo, vivir sin pasión o propósito no es lo que tenías en mente para nosotros. Muéstrame, Señor, cómo encontrar significado en mi día a día. Abre a mis ojos los sutiles matices de gozo que albergan las horas prosaicas de la vida. Pongo mis anhelos en tus manos. Amén.

En él asimismo tuvimos herencia, habiendo sido predestinados conforme al propósito del que hace todas las cosas según el designio de su voluntad.

Efesios 1.11 RVR1960

Una nación bajo Dios

Amado Dios, estoy muy cansada de las disputas en nuestra nación. Me molesta ver gente intentando sacarte de las escuelas, de los juzgados, y de cualquier sitio que se les ocurre. Tergiversan la historia y niegan que esta nación fue fundada contigo como líder. Sánanos, Señor. ¡Ayúdanos a volver a ti! Amén.

Yo soy la luz del mundo: el que me sigue, no andará en tinieblas, mas tendrá la lumbre de la vida.

JUAN 8.12

Ayuda con las prioridades

Querido Dios, necesito ayuda con mis prioridades. Es tan fácil que se descompensen... Muéstrame las cosas que he arrastrado hasta la cima y que no deberían estar ahí. Señálame las áreas donde necesito poner más énfasis y compromiso. Señor, hazme recordar que las personas valen más que las posesiones y objetivos. Que mi lista invisible de prioridades refleje eso. Amén.

Porque donde esté tu tesoro,
allí estará también tu corazón.
MATEO 6.21 NVI

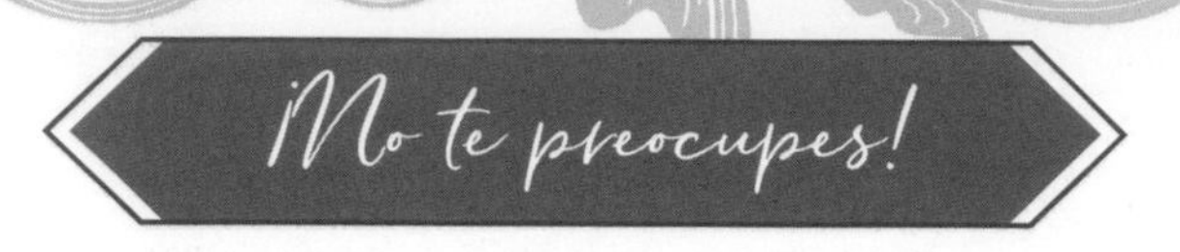

Amado Señor, tu Palabra me dice que está mal afanarse. He tratado de decirme que solo es preocupación, pero en realidad eso es tratar de darle un sesgo positivo al asunto. Una anciana solía decir que las mujeres nacemos afanadas. Supongo que hay algo de verdad en eso, quizás porque estamos muy involucradas en relaciones, y la mayor parte de nuestra ansiedad es por los que amamos y los que nos importan. Pero sabes que no nos conviene ni sirve para nada. Así que, hoy, ayúdame a entregarte toda mi ansiedad.

No se aflijan por nada, sino preséntenselo todo a Dios en oración; pídanle, y denle gracias también. Así Dios les dará su paz, que es más grande de lo que el hombre puede entender; y esta paz cuidará sus corazones y sus pensamientos por medio de Cristo Jesús.

Filipenses 4.6–7 DHH

Piensa en cosas puras

No hay muchas cosas hoy en día en la sociedad que te animen a la pureza, pero, ciertamente, tu Palabra nos demuestra la importancia en poner nuestra atención en cosas que son puras. Por experiencia, he aprendido que la vida es más satisfactoria cuando está orientada a complacerte a ti en vez de a la carne, y te agradezco esas lecciones. Amén.

En pos de Jehová vuestro Dios andaréis,
y á él temeréis, y guardaréis sus
mandamientos, y escucharéis su voz,
y á él serviréis, y á él os allegaréis.
DEUTERONOMIO 13.4

Confidente

Amado Dios, la Biblia dice que las mujeres mayores tienen que ser mentoras de las jóvenes. Ese es un elemento que falta en mi vida. Aunque mi madre hizo un gran trabajo legándome las lecciones de vida que había aprendido y tuvimos una buena relación, sigo necesitando la confirmación y la comprensión de una mujer mayor. Señor, necesito una confidente en la que pueda confiar, una que me ayude a lograr mis objetivos. Te pido que me mandes alguien así en mi camino en el cumplimiento de tu Palabra. Y permíteme desempeñar yo ese papel algún día cuando tenga la experiencia necesaria. Amén.

Que [las mujeres mayores] enseñen á las mujeres jóvenes á ser prudentes, á que amen á sus maridos, á que amen á sus hijos.

Tito 2.4

Amable paz

Gracias, Señor, por esta oportunidad de disfrutar en la paz que ofreces. Aquí sentada en el bosque, escuchar el arroyo que suavemente borbotea sobre las piedras, me recuerda cómo tu presencia en mi vida me calma incluso en medio del caos. ¡Estoy contenta de tener tu paz! Amén.

Jehová te bendiga, y te guarde: Haga resplandecer Jehová su rostro sobre ti, y haya de ti misericordia:Jehová alce á ti su rostro, y ponga en ti paz.
NÚMEROS 6.24–26

El sistema de seguridad de la vida

Padre, estoy lidiando con una fobia. No es cuestión de vida o muerte, pero resulta embarazoso. No se lo he dicho a nadie, y espero no tener que hacerlo nunca. Pero ahora te pido que me ayudes; no quiero que mi fobia me impida vivir la vida que has planeado para mí. Ayúdame a entregarte a ti este miedo; muéstrame que estás al mando, que eres el sistema de seguridad de mi vida. Te pido esto en el nombre de Jesús, amén.

Pues Dios no nos ha dado un espíritu de temor, sino un espíritu de poder, de amor y de buen juicio.
2 Timoteo 1.7 DHH

Gratificación inmediata

Amado Señor, en mi mundo hay muchas cosas instantáneas. Desde la comida rápida hasta el crédito inmediato, podemos satisfacer siempre nuestra inclinación a la gratificación inmediata.Pero tengo que seguir recordándome a mí misma que a menudo tú obras con procesos. Cuando se trata de la obra que estás haciendo en mí, usas la maduración constante de tu Palabra dentro de mí para hacerme como Jesús. Tú, el Maestro jardinero, riegas las semillas, podas las ramitas innecesarias y cuidas de mí con ternura mientras el fruto de mi vida sigue madurando. En vez de ser impaciente, mi objetivo es deleitarme en tu cuidado amoroso, oportuno y tierno. Amén.

Mas creced en la gracia y conocimiento de nuestro Señor y Salvador Jesucristo.

2 Pedro 3.18

Quitarse toda amargura

La amargura es como el cáncer, Dios. Crece y se lo lleva todo, dejando seca la vida. No quiero ser marcada ni consumida por la amargura. No quiero aferrarme a las injusticias que he experimentado. Ayúdame a aceptar tu toque sanador y a alejarme de los principios de amargura en mi alma. Como experimentó José en el Antiguo Testamento, puedes convertir las cosas destinadas al mal en bien. Por favor, haz eso en mi vida. En el nombre de Jesús, amén.

Quítense de vosotros toda amargura, enojo, ira, gritería y maledicencia, y toda malicia.

Efesios 4.31 RVR1960

Cada nuevo día

¡Cada día hay algo por lo que puedo ofrecerte alabanzas, amado Dios! Para empezar, tenemos la promesa de un nuevo comienzo, una nueva oportunidad para servirte. A lo largo del día, tú muestras tu majestad de muchas maneras. ¡Eres un Dios increíble! Amén.

Porque de su plenitud tomamos todos,
y gracia por gracia.
JUAN 1.16

¡Hoy!

Padre celestial, tengo tendencia a intentar vivir una semana o un mes al mismo tiempo. Es difícil para mí limitarme a un día, una hora, un minuto. Pero así es como quieres que viva. Sabes que proyectar hacia el futuro me hace preguntarme y preocuparme por cosas que aún no han ocurrido. Tú también sabes que no puedo ser buena para nadie si mi cabeza está en las nubes, pensando en el futuro. Así que ayúdame a vivir el hoy, es todo lo que tengo en este momento. Amén.

¿No ve él mis caminos,
Y cuenta todos mis pasos?
Job 31.4 RVR1960

Declara la paz

Padre, la paz es una emoción esquiva. Mucha gente habla sobre la paz, pero pocos pueden declararla. Tú prometiste darnos tu paz, una tranquila seguridad de que tú estás presente y eres soberano en todos nuestros caminos. Quiero más de esa paz cada día. Aunque hay muchas cosas perturbadoras en mi mundo, tu paz me ayudará a lidiar con todas ellas. En medio de tu paz, no estoy ni preocupada ni asustada, simplemente me permito disfrutar en tu presencia. Amén.

La paz os dejo, mi paz os doy.
JUAN 14.27 RVR1960

Realmente no me quería levantar esta mañana, Padre. Mis sábanas parecían una buena protección para las preocupaciones del día. Pero cuando vi el glorioso amanecer y escuché el animado canto de los pájaros, recordé que tus misericordias son nuevas cada mañana. Supe que todo iba a ir bien. Gracias por tu fidelidad.

Cantad á Jehová, bendecid su nombre:
Anunciad de día en día su salud.
Salmos 96.2

Desde la montaña

Señor, ¡qué buena sensación la de estar viva! Cuando salí de la cama esta mañana, tuve esa maravillosa sensación de bienestar. Algunas veces me despierto con cosas negativas en mi mente, algún problema en el horizonte o algún dolor en mi cuerpo. Pero hoy me siento bien en mente, espíritu y cuerpo. Este camino de la vida tiene montañas y valles. Pero ahora mismo voy a disfrutar la montaña: la claridad, la belleza y el estímulo que me ayudará a enfrentar cualquier reto que se me presente en el camino hoy o mañana. Te amo, Señor. ¡Gracias por tus buenas sorpresas!

Alabad a Jehová, porque él es bueno;
Porque para siempre es su misericordia.
Salmos 107.1 RVR1960

Cuando no estoy preparada

Padre Dios, me he metido en un lío por posponer obligaciones. Sabía que esto iba a pasar, pero yo quería hacer otras cosas primero. O, al menos, quería aplazar la tarea hasta el momento adecuado. Pero ahora ya no hay más tiempo, no estoy preparada. Por favor, ayúdame, Señor, haciendo que todas las cosas sean para mi bien. Amén.

Saquen el mayor provecho de cada oportunidad.
Efesios 5.16 NTV

Él tiene el control

Gracias Señor, porque tienes un plan perfecto para mi vida. Sé que muchas veces no lo entiendo, pero tú sabes que es lo mejor, y todo lo que pasa es por una razón: que seas glorificado. Estoy muy contenta porque tienes tú el control y yo no tengo por qué preocuparme. Amén.

Muchos pensamientos hay en el corazón del hombre; Mas el consejo de Jehová permanecerá.
PROVERBIOS 19.21

Índice de citas bíblicas

ANTIGUO TESTAMENTO

Proverbios

NUEVO TESTAMENTO